3分鐘職場
讀心術

作者◎林進來

From the face to see through the personality

用面相創造好機會

本書作者 林大師玉照

　　現在是個多元化的社會，在繁雜的社會裡，人與人的互動日異頻繁，人們為了生活努力工作，稍微疏忽就會失去機會，漸漸的每人都會帶上職場面具。

　　每天一張開眼睛就需要與別人互動，小則家庭的溝通，大則公司或是商場上的協調、談判等，皆都需要對談，而對談的先決要素就是容貌及聲音。

　　面貌就有如一個人的展示櫥窗，因為它會將每個人的身、心健康狀態及個性、運勢等狀態，誠實的展現出來，就算身處面具之後，解碼器依就是存在於相貌上。

在這個競爭的時代，人們都想鴻圖大展、財源豐厚、婚姻美滿，但常敗於「識人不清」「用人不當」「遇人不淑」，俗話說「不識字請人看，不識人輸一半」。

機會是稍縱即逝的，要如何去把握時機，如何在最短的時間能掌握一切，誰能懂得『識相』，誰就能掌握先機，贏在起跑點，也就多了一分勝券。

面相能如何輔助事業呢？
例如：當我們遇到聲音粗、鼻子高的客戶，我們就瞭解此人的個性較急躁，也較有主見，不喜歡拖泥帶水，我們就要直接切入主題與他對談；如果遇到的客戶是聲音柔者，那我們就知道此人個性保守，與他對談時要詳加解說，並且速度要放慢一點。

Preface

　　當我們懂得觀相學，就可以了解周圍人員的個性及才能，隨時隨地可以派上用場，不論是選擇對象、結交朋友、求職、晉用人才等，只要稍加端倪一番，心中就自有評量，可說無往不利，不受時間的限制，精準又快速。

　　所謂相由心生，相貌可以影響人的一生，面相在商場上能知人善用，在生活上可以趨吉避凶，能快速的洞悉對方的個性，察覺對方的心意，將有助於自己成為處理人際關係方面的佼佼者，而且更能幫助你率先奪得商機，得到好機會。

林進來

心性質型人的面相

營養質型人的面相

筋骨質型人的面相

其餘位置之判別：

· 高低比：以人臉的長度（髮際到下巴）之距離分為三等份

　　　　大約高於 $\frac{1}{3}$ 為長，低於 $\frac{1}{3}$ 為短，平於 $\frac{1}{3}$ 為中庸。

· 命宮：即"印堂"，以兩手指之寬為主，大於兩指為寬，反之為窄。

· 嘴巴：嘴巴之大小依個人臉型之最寬處分三等份，

　　　　大於 $\frac{1}{3}$ 為大，小於 $\frac{1}{3}$ 為小，約等於 $\frac{1}{3}$ 為平。

· 髮際：指頭髮與額頭的分界處，"蒼"指髮際參差不齊謂之蒼。

· 顴骨：顴骨最好的位置在眼尾下三公分處，要飽滿有肉為漂亮。

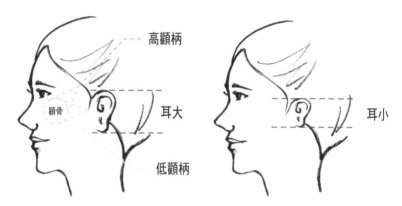

· 耳朵：高於眼尾屬高，基本上耳朵以臉型來看大小。

· 人中：是鼻下唇上的直溝，以深長寬廣為暢通。

· 法令紋：嘴巴周圍所出現的紋路，由鼻翼兩側開始向外下方伸展，直到嘴角。

· 腮骨：下顎部位的尾端，即腮骨。腮骨向前後突出，有稜有角的伸張著謂之"橫張"。

· 頤頦：指法令紋向外到下顎骨之間，飽滿者易廣結善緣。

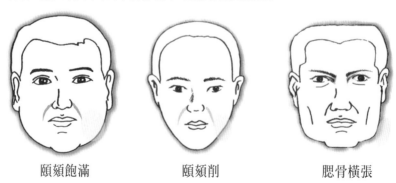

頤頦飽滿　　　　　頤頦削　　　　　腮骨橫張

判斷三停

三停包括：上停、中停、下停。

三停	範圍	內容
上停	眉毛以上到髮際	額頭、髮際、天倉
中停	眉毛到鼻孔	眉、眉骨、命宮、眼、眼神、鼻、顴、耳
下停	鼻孔到下巴	人中、法令、唇、口、下巴、頤頦、腮骨

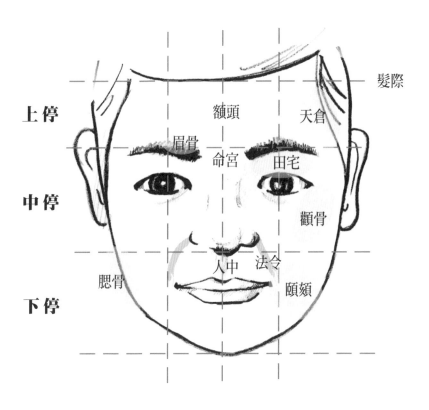

上停　　髮際　額頭　天倉

眉骨　命宮　田宅

中停　　顴骨

人中　法令

腮骨　頤頦

下停

第一章

從面相優勢
展現自己

每個人都會有時運差的時候，也就是流年。想要瞭解
自己的運勢，可從自己的面相來查看。

你的夢想易實現嗎？

有夢想很好，但有人是「有夢想就有想去實現的衝勁」，但有人卻是「心有餘而力不足」。這兩種類型，可以從面相看出端倪。

某次與學員聚會，大家不外乎談論的都是經濟問題。經濟問題，就關係到生活問題。有學員帶了一本商業週刊來，裡面刊登了幾位頗有成就的名人，大家談論著要如何才能像他們一樣，有名又多金？

當然，有夢想很好，也是必要的，但是，有人是「有夢想就有想去實現的衝勁」，但有人卻是「心有餘而力不足」。這兩種類型，可以從面相看出端倪。

林老師開課

我常提到，面相是由三個基本形質組成，也就是心性質、筋骨質和營養質，這三個形質去加加減減，才會等於一個人的個性和運勢。

有夢會想要達成的人，筋骨質的成分一定要多，因為筋骨質本身就是屬於動態的特質，基本特徵是骨多、膚黑、聲音結實，這樣的特徵帶動他的衝勁，不服輸的幹勁，他才有可能為夢想而打拼，同樣的，拼事業也是要有這樣的基本條件。再說細微部分，一個重點『眼睛』。眼睛可分亮、柔、無神及定神。

眼睛亮的人，會懂得抓緊機會，而且勢在必得，但要留意衝勁太過，往往不小心會衝過頭。眼睛柔的人，優柔寡斷，考慮再三，容易失去佳機；如果配上眼睛無神，機會在眼前都不懂得把握，更別說實現夢想，眼睛無神的人較適合朝九晚五的上班工作。

筋骨質的面相最好的是配上眼睛定神，因為處事冷靜，懂得衡量；以上司的立場來講，選擇眼睛定神的人，較能託付責任。

聲音、下巴、眼睛、眉稜骨，都是關鍵

筋骨質的人，如再加上聲音結實，表示具主動性、不認輸、愛冒險的性格，這種格局的人在社交、交際方面都很好，尤其再加嘴巴大者，正所謂「嘴大吃四方」，嘴大善於

言詞，在業務協調上更是一大利器。此時，如果再配上一個飽滿的下巴，那麼就會有許多人脈來協助實現夢想。

因為下巴飽滿代表人脈多，而不論何種事業都需要有人脈。我們常看到，一樣是跑業務，為何有的人客戶很多，有的人則相反，就在於下巴飽不飽滿！

所以，如果你的夢想是成為一位千萬業務，那就要先看看自己有沒有飽滿的下巴了。有了人脈、有了衝勁、也懂得抓緊機會，這樣就能實現夢想嗎？

不，還早呢，還缺少判斷能力！夢想每個人都會有，但真正實現的人為何不多？扣除本身沒有毅力之外，最多的恐怕就是判斷錯誤導致失敗。

判斷力由眼睛和眉稜骨掌管，上述有提到眼睛定神是最為佳，因為個性上較能沉著，加上眉稜骨則判斷能力強，下決定前都會審慎評估，當有了良好的判斷，相信實現夢想的路會好走許多。

筋骨質的人，在開創方面是最適合的形質，因為他有

毅力、能刻苦耐勞、不服輸的個性，所以在事業的開創或是業績的衝刺上，這種形質的人是最適合的。

　　尤其是聲音粗的人，有雄心壯志之心，但是性格上較剛強，易衝動，喜歡掌控事物，是比較專制、霸氣的個性，尤其是鼻子高者，固執己見，溝通難。這種格局的人他的弱點是『愛面子』，只要以『柔』，即能剋『剛』。

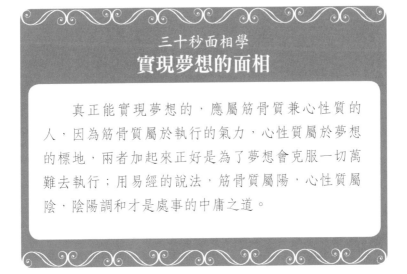

三十秒面相學
實現夢想的面相

　　真正能實現夢想的，應屬筋骨質兼心性質的人，因為筋骨質屬於執行的氣力，心性質屬於夢想的標地，兩者加起來正好是為了夢想會克服一切萬難去執行；用易經的說法，筋骨質屬陽，心性質屬陰，陰陽調和才是處事的中庸之道。

從臉的形質，展現自己

人的面相沒有是搭配完美的，但利用自己與生俱來的優點，將能量昇華，你的運勢就掌握在自己手中。

在這不景氣的時代，許多公司開始縮編、裁員，人人過著人心惶惶的日子，無不拼著命都想保住飯碗，但僧多粥少，工作順不順利，或許很多人認為就像有沒有錢財一樣，是命中注定，有此想法的人，那就是你對自己太沒信心了。

世上沒有完美的人，一定都有優點和缺點，如果能提升自己的優點，發揮自己的長才，即便沒受到原公司的青睞，相信出眾的優點，一定會有伯樂賞識的。

提升自己除了學些知識技能外，最重要的是要了解自己的優點在哪裡，其實這跟自己的相貌很有關係。這邊就概略的闡述一下，關於面相所產生的特質。

林老師開課

我們面相有三種基本形質，就是營養質、筋骨質及心性質，但人鮮少是單一形質，或多或少都兼有兩種形質以上，再配上五官的差異，就衍生出許許多多的特性。先從營養質說起，顧名思義『營養』這兩字代表豐滿圓潤的感覺。

主司『慾能』，特徵著重在下巴飽滿，顏面肉多，膚色白，聲音無力等。帶有營養質的人較擅長於協調、財務及管理，個性上喜歡安逸，樂觀風趣，重享受，人脈廣。

純營養質的人個性保守，心性溫和，比較適合一般行政或內勤事物的工作；如果帶有筋骨質成份的人，有衝勁、霸氣、對朋友重情義、愛面子，交遊廣闊，在管理和協調方面能力強，適合往業務、管理及公關方面發展。

如果是兼有心性形質的人，個性沉著、心思縝密，擅權謀，有危機意識，具理財觀，自我保護心重，較自私，適宜從事服務業及財經產業。

筋骨質代表的是『動能』，著重在鼻子，其特徵有膚

色黑、五官結構紮實而突出、聲音宏亮等,運動神經發達、生命力強、爆發力十足,個性獨立、果斷,刻苦耐勞。純筋骨質的性格,主觀強勢、霸氣,企圖心強,固執,容易衝過頭,為創業之才,但事業變化起伏大,也不宜與人合夥。

筋骨質如果帶有營養形質的人,有擔當有衝勁,喜好排場,善於運用人際關係,說服力強,會為達目的不擇手段,適宜往業務方面開拓。

筋骨形質的人如果兼有心性形質,做事有原則,意志力強,善用智慧,喜歡發號施令,愛掌權,不易接納別人意見,雖然有智慧,但是太固執,容易陷入迷惑中,宜往專業技能發展。

心性質代表的是『智能』,心思細膩,帶點神經質,喜愛幻想,自尊心強,愛美又愛面子,屬唯美主義者,其特徵有膚色白、額頭高、瓜子臉、聲音柔等。

純心性質的人,自我要求完美,想像力豐富,口才流利,善於企劃,適合設計、文藝方面發展;帶有筋骨質成份的人,處事積極進取,重情感,愛面子,能掌握時機,宜於

規劃或參謀方面一展長才。含有營養質的人，喜歡安逸，企劃能力強，理財、管理能力一流，人際關係好，事業上較務實性，可選擇管理及財務規劃方面發展。

人的面相沒有是搭配完美的，但是當你知道自己的面相，了解自己的性格及特質，利用自己與生俱來的優點，將能量昇華，你的運勢就掌握在自己手中。

筋骨型人的面相

筋骨質的特徵：膚色黑，肌肉與骨骼結實，五官結構突出紮實，聲音宏亮，鼻子高挺，粗眉、眼亮等。

三十秒面相學
實現夢想的面相

　　營養質的人重視的是錢財，如果搭配眼睛柔，他就適合走財務規劃，不能深入商場與人周旋，因為眼睛柔比較無法掌握機會，在商場上容易吃悶虧。

　　筋骨質的人喜歡冒險與挑戰的工作，所以創業者或開疆闢土的屬筋骨質的人居多，但是往往因為太衝了而過了頭，所以筋骨質的人若是搭配上聲音柔，則多了一份審慎與細心。

想改運？先找貴人！

　　改運不是不可能，但是你先要瞭解自己的運勢及你的『貴人』在哪？

　　不管業務或是直銷、小老闆、專櫃人員、推銷人員等，其最終目的就是需要有好的業績，這是每個人都想求到的目標。

　　每位客戶來工作室找我論命，最後的結果還是離不開財運。我常對客戶說：「你們想要求錢財求業績，其實跟你的面相有關係，瞭解自己是最重要的，再來是瞭解他人的需求，才能把握時機，對你的業績才有助力。」

　　有一次，工作室來了兩位小姐找我看相論運勢，這兩位小姐的工作性質都跟業務有關係。劉小姐的顏面骨多、眉目清秀，屬於筋骨兼心性質的人；陳小姐臉形肥肥胖胖、聲音柔，是標準的營養質。

陳小姐說，最近她的業績不是很順利，想知道要怎麼樣改運，才有好的業績？我對她們說：「改運不是不可能，但是妳先要瞭解自己的運勢及你的『貴人』在哪？」

聽到貴人，兩人都興致勃勃的發問：「從面相，真的可以看出貴人在哪裡嗎？」「當然，答案就在妳自己的面相上。」

 林老師開課

我這個人有一點壞習慣，當客戶來找我論命看相時，我都會用彷彿教學式的方法告訴客戶，讓她們更瞭解面相的奧妙。

我對劉小姐說：「妳的額頭有一點過高，代表妳的思想太豐富，對每件事情要求太理想化，髮際不整齊，在妳小時候家境必有一些變化，或是父母本身糾紛多？」劉小姐點頭稱是說：「我的父母已經離婚。」

「妳現在走的是眉毛運，眉毛清秀人緣不錯，但是妳現在的額頭氣色不佳，表示最近在業務上會受到阻礙！」眉清秀代表人緣佳，特別異性緣多，眼神有一點柔，在處事方

面比較抓不到重點，鼻子挺有自己的主見，顴骨高主觀強勢，有原則，有時會比較固執，嘴巴大有衝勁有魄力，加上聲音有力有膽量，但是有時會衝過頭，不知進退，因為眼神柔抓不到重點，導致自己也不知道在忙什麼，像這種面相的人，好相處，無心機。

運用優勢，避免缺失就對了

於是，我對劉小姐說：「妳的貴人，是年紀比妳稍微大的人，對妳最有幫忙。」「確實是這樣，但是，也有一些困擾........」劉小姐說話突然吞吞吐吐。「是不是有年紀大的人在追妳？」我立刻追問。她微微點頭說：「老師你厲害！」

我告訴劉小姐，要記得，雖然人緣好，但不要犯桃花。妳可以找鼻子挺、聲音有力的人，這種面相的個性，不喜歡拖泥帶水，與他洽談直接進入話題，就會有機會。

另一位陳小姐的額頭低，在處事比較務實，思想上比較不會急轉彎，天倉飽滿求安逸，眼睛亮好奇心重，什麼事情都想去瞭解，鼻子低無主張，喜歡熱鬧，處事較有人情味，個性隨和，加上聲音柔，遇有事情不敢面對於人，命宮

寬、下巴飽滿，比較有容納別人的雅量，也比較會去照顧到別人。

依她的面相，下巴比較長又飽滿，貴人多半屬於年紀比較輕的人，跟她較有互動。

陳小姐回想了一下說：「好像是耶！」「其實，主要是因為妳有一顆慈悲的心，年紀小的人當妳是大姊頭，切記，不要以為他們對妳有好感，其實有時候是利用妳的資源。妳的個性其實比較不適合發展業務，建議妳找一份安定的工作，對妳較有幫忙。」

三十秒面相學
實現夢想的面相

額頭較低的人，腦筋轉動得沒那麼快，也就是反應比較慢，但是如加上眼睛亮，喜歡問東問西，如認識類似的人，以閒聊的方式較好進入業務洽談。

鼻子低最怕受到人情的壓力，比較有人情味，所以在與這類人士洽談時，盡量拉關係，講話要慢要有耐性，成交的機會就會多。

當聽到一個人聲音有力時，就知道此人處事有一點霸氣，如果加上鼻子挺，表示主觀強勢，有時會搶風頭、搶話題。記得，如見到這種格局的人，在洽談時，講話要留一半的空間，讓對方有發揮的餘地，不然，對方會認為不受重視，業績就很難達成了。

什麼樣的面相 『容易被提拔』？

在觀相學的理論上，額頭高的人比較有機會被提拔。

有一次在台中教面相學，有位學員問我，從面貌可以看出一個人的工作能力嗎？我對他說，大略都是可以看出端倪。

吳學員說他有一位姓李的同學，在貿易公司任職。工作能力強，也很認真，很勤奮，最大的優點就是口才流利。

「我們常說他有三寸不爛之舌，其實他的努力大家都認同，經常為公司創造佳績，最難能可貴的，就是與人互動良好，同事之間都相處的不錯，人緣頗佳，在我們這群同學裡沒有他出現，就創造不出氣氛，最近這幾年他受到重用，

業績突破，受到老闆的提拔升為業務經理。」吳學員說。

 林老師開課

　　一個職員容易被提拔，必須要有條件，在觀相學的理論上，額頭高的人比較有機會，因為額高的人，思想豐富，在處事上擅長溝通，遇到事情有馬上去協調化解的能力，反應快。

　　額頭代表與長輩、上司的對待，一般額頭高的人，比較有長者之緣，也就是說會有長者來照顧。

　　李先生的額頭寬廣，代表他對事情的看法比較有宏觀性，天倉飽滿在相學的理論上，個性安逸，但是配上膚色黑，就會主動，肯付出，如果聲音有力，此人的個性就會有衝勁。

　　但如果此人是膚色白，聲音柔，這種格局就高了。額頭高、天倉飽滿、膚白的人，天生就是一個好命的格局，代表祖先有德，會留下財富，聲音柔則依賴性較重，在事業上就比較無衝勁，我對學員說，要論一個人的相一些小細節，一定要詳細觀察。

李先生的眼睛亮，眉目清秀，代表他對事物能看準機會，眉目清秀則讓他在外人緣佳，也代表他對朋友兄弟有情有義，相對的朋友對他也是有情義，遇有困難時朋友會拔刀相助。

一個人要能伸能屈，最主要的部位就是鼻子，鼻子低的人具刻苦耐勞的精神，適宜從事業務，因為鼻子低的人，有耐性，處事也比較有人情味，如果是鼻子高太有主見，主觀強勢，自尊心強，有時會不願意低頭。

再說到李先生的聲音有力，處事則有膽量有魄力，善於表現自己的口才，並具有說服力，也就是說他是個高EQ的人。

年齡，關係到大運

一個人在業務上要有人脈，才能助事業發展，最主要的部位就是下巴，下巴飽滿人脈多，如加上聲音有力，則人脈極廣，在外人緣佳。

一個人的人緣要佳，耳朵也是很重要的部位，如果耳朵大有珠的人，人緣更佳，因為耳朵代表人事、人緣。（記

得一剛開始時，吳學員說，每次的聚會只要有李同學在，氣氛就熱絡嗎？耳朵也是一個重點）

另外，也不能忽略年齡。「年齡有差別嗎？」當然有。剛才吳學員說，李同學最近幾年運勢似乎特別的好，業績不錯，又升官又發財，有此現象的話，代表跟他的大運有關係。

以李先生的面貌來看，是走眼睛運最漂亮，因為他的眉毛與眼睛的流年，對他是最有幫助，也就是走三十二歲至三十八歲，與李先生的面貌來配合，眉毛及眼睛對他的運勢最有利，因為眼睛亮的人，處事能抓緊機會，眉毛代表朋友，也就是人緣，就是說在這段期間在事業上容易得到貴人的幫助。

三十秒面相學
男生女生，差很大！

　　在相學的理論上，男女會有一些差別，以李同學來說，如果是女性，就比較勞碌了。雖然在事業上是一位能幹的女性，但是在家裡付出得多，卻又得不到丈夫的安慰及愛護。

　　一對夫妻，如果丈夫膚色白，太太膚色黑，就要無代價的付出，因為相學定義是『黑的付出多，白的來享受』，加上如果鼻子低的太太，在外雖有人緣，在家則會受到鼻子高的先生指使，下巴飽滿會為丈夫孩子任勞任怨，所以對女性來講會是屬於勞碌之命。

財氣這樣來！

運勢好壞真的會影響財運，所謂財氣，「氣」這字就是運氣。

錢財人人愛，但不見得每人都能輕易擁有，有人一輩子辛勤耕耘，所得卻不多，有些人輕輕鬆鬆的就將錢賺入口袋，或許稱這為運勢；的確，運勢好壞真的會影響財運，所謂財氣，「氣」這字就是運氣。

某次為客戶林小姐堪察住宅環境，這是間位於山坡地的樓房，屋宅是坐北向南，往前眺望可看層層的山形朝拜而來之狀，我向林小姐道喜，因為這間房子每到夏天都會為她帶來財氣。

「沒錯，每到夏天我都覺得工作特別順，績效好獎金就多了，所以這房子算是風水好嘍」林小姐問我。有好的磁場感應，還要再加上面相的氣色佳，自然運勢就佳。

一個人的氣色絕對與住宅磁場有關，每天受好磁場的感應，氣色自然會潤澤，如果磁場有雜氣，就會影響到居住者的情緒，臉上的氣色自然就不好，運勢也就受影響了。

在面相學裡，氣色是最難看懂但卻是最重要的一環，因為是跟運勢息息相關。面相分三個等份，相學上稱之為上停、中停、下停，三個等份各有他代表的階段、年歲及運程（可參考下圖對照）。

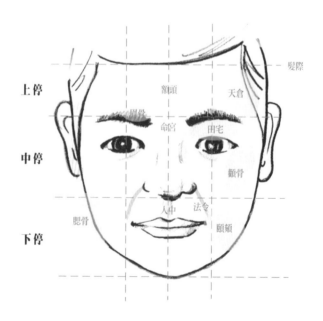

　　上停，指的是髮際起整個額頭的部位，年歲上屬於15～30歲間，也是觀思考、父母、事業、貴人、名望等的地方，此處若是氣色潤澤，代表事業順遂，財氣也佳，尤其是天倉部位氣色好的話，更顯示有貴人相助，事業、財運一路順暢。

　　再來就是中停，位置是眉到鼻子的準頭，年屬31～50歲，主社會適應力、事業實行力及錢財的追求力，中停的氣色好不好關乎中年時期的運勢，與財運也是有極大的關連。

　　此階段重在人事與公關，也是人生衝刺事業的階段，是最需要交際、溝通，眉代表人緣，眉色漂亮則人緣佳，如果顴骨部位及鼻子的氣色都漂亮，那就要恭喜了，代表財運當頭，但是賺了錢財是否能存得住，就是要看下停了。

　　所謂下停就是鼻子以下到下巴的部位，主司一個人的晚運，也是看部屬、子女、家運、人際及財帛的穩定性，下停重在飽滿及氣色，飽滿表示人脈廣，更代表晚年的食祿無虞，氣色佳則代表部屬或家裡一切順遂無需掛心。

　　下巴飽滿如果再配上嘴巴大，那才真的是個財庫，可

以吞盡所有財祿，但是切忌聲音粗，聲音粗的人較好面子，愛擺排場，當然就花錢不手軟，守不住財者為多。

氣色會隨著心情與環境而變

林小姐現正走在30到50的中停階段，顴骨的部位氣色潤紅，鼻尖也有亮彩，我問林小姐：「最近應該有筆財物入帳吧，而且是因為朋友的關係」。「啊……老師連這也算得出來？沒錯，最近透過朋友的介紹，做了幾筆業績，績效獎金就多了些。」林小姐訝異的問。

雖說氣色好運勢就佳，但是氣色是隨時會隨著我們的心情與環境而變，難免運勢就會有起伏。人生不如意之事十之八九，雖說是先天注定，但卻可靠後天改變。

第一是住宅磁場，再來是氣色，而這兩者也是互相牽連的，但是並非每個人都能住得到好磁場的屋宅，最重要還要自己能保持內心平靜，多運動，日常作息能正常，這樣也是可以讓氣色好轉。

三十秒面相學
中停與人際關係大

　　中停的部位重人事與公關，也與朋友最有關係；林小姐眉毛清秀顯示她人緣不錯，眼睛亮，她會抓緊機會把握時機，嘴巴大雖事業心重但聲音柔卻不致於讓人產生咄咄逼人之感，這樣的格局的確是適宜從事業務工作。

時運不濟，如何解？

如果懂得一些面相學的理論，對你的事業不僅
僅有幫助，也是與人溝通的橋樑。

某個下雨的日子，李小姐帶了一位她的好友蔡小姐來
找我。李小姐說：「老師，我這朋友最近是不是很背啊？不
但常被主管噱，找工作又被騙，連她自己都搞不清楚怎麼回
事……」。

「妳的個性太老實了，遇有事情不敢面對，又很容易
相信別人，在社會上當然常吃虧。」我說。聽了我的話，李
小姐大笑：「老師你真的厲害，一針見血。」

我看著蔡小姐的額頭氣色，有一點紅帶黑的氣色，問
她「是不是最近在工作上有問題？」她點頭表示，正準備要
離開此公司。蔡小姐說，其實自己覺得有一點被欺騙的感
覺。原來，當初應徵時，講好一個月底新兩萬五，另外有加

伙食、勞建保，如公司有賺錢還可以分紅利，那時覺得很滿意就決定上班。「沒想到，到了月底領薪才發現，薪水少一萬元，追問人事主管，他說，我是試用期，所以以時薪計算。」

不敢跟公司理論的蔡小姐，準備選擇離開此公司。李小姐立刻問：「老師，你覺得這是運勢不佳嗎？還是本性如此？能改變她的運勢嗎？」

林老師開課

蔡小姐的臉型大、額頭低、天倉削、眼睛柔、鼻子低、聲音柔、下巴飽滿。

我對蔡小姐說：「依妳的面相來看，是有很多太弱的地方，換另一個角度來說，妳是位仁慈又忠厚的女性，在未嫁前會為娘家付出，結婚後為夫家付出，是一位標準的賢妻良母。」

李小姐在一旁點頭認同說，蔡小姐真的是一個無脾氣又慈悲的人，在我們這一些朋友，我最喜歡與她在一起，拜託她的事情很少會拒絕，是一個好人，老師你要教她一些方

法，不要常被人家欺負。蔡小姐的相貌，是心性質兼營養質的人，額頭低，處事比較務實性，腦筋轉換會慢三拍，這種個性的人無心機，又加上天倉削的人，處事肯主動，有刻苦耐勞的精神，眉目清秀，比較重視情誼，為六親或朋友付出多無怨言。

鼻子低的人，本身無主張，個性上較隨和，加上眉尾下垂，遇到事情不敢當面與人對質。蔡小姐最大的缺點，就是眼睛柔，眼睛是代表一個人的內在思考，及行動的能量，眼睛柔的人在處事上比較抓不到重點，加上聲音柔，是一生最大的致命傷。

因為聲音代表一個人的鬥志及魄力，聲音柔的人，對任何的疑問不敢當面發問，如果被欺負的話，會往內吞，蔡小姐的個性就是產生此現象，所以有很多人，遇到不愉快的事件，大部份會怪自己運勢不佳。

讓別人成為你貴人

眼睛柔、聲音柔的人，在處事上一定要堅持自己的原則。針對蔡小姐，我建議，如果有事不要放在自己的內心，多請教別人。

　　聲音柔的人，不會與人隨便對談，讓人覺得不好相處，如果一些事情不敢與人對談，我建議可用寫的，或是由別人來發問，都是好方式。

　　同時，蔡小姐聲音柔、下巴飽滿，雖然鼻子低，賺錢很辛苦，但是存起來的錢不會亂花亂投資，所以口袋有錢。人的面貌有缺點也有優點，如果懂得這一些相學的理論，對你的人生絕對有助力，不但能助你的事業，也是與人溝通的橋樑。

三十秒面相學
時運好壞看流年

　　每個人都會有時運差的時候，也就是流年。想要瞭解自己的運勢，可從自己的面相來察看。先看自己的五官，如果你的臉型大、鼻子小，那運勢在走鼻子運時，就要特別小心。

　　如果是臉型大，嘴巴相對太小，那麼當運勢走在嘴巴運時，也要特別留意。有位客人的事業辦得很大，但因為嘴巴太小，走到嘴巴運，錢財事業就出問題。依照面相學的理論，稱『有運無財庫』，也就是有財吞不進，因嘴巴小影響到時運。

第二章

從你的弱點，找到解決方式

提升自己除了學些知識技能外，最重要的是要了解自己的優點在哪裡，其實這跟自己的相貌很有關係。

勇於向老闆說『不』

不敢說出來、不敢開口的人，在相學的理論上，是嘴巴小、聲音柔的人。

張太太看著先生日漸削瘦的身型，心裡好擔心卻又幫不上忙，張先生在公司每天超過十小時以上的工作量，回家有時後還工作三、四個小時，有時後甚至徹夜沒睡，這樣下去的話，身體會吃不消，擔心會演變成過勞死。

張先生說「沒有辦法」上司交代的事情就要完成啊，做不好小則刮鬍子，大則說不定要回家吃自己，現在的景氣不好，很多人擔心沒有頭路，所以公司的要求必須完成。但是有時後公司的要求並非都是對的，必須要適時的勇於向上司說「不」。

林老師開課

　　不敢說出來、不敢開口的人，在相學的理論上，是嘴巴小、聲音柔的人，叫他開口說「不」很難，永遠不好意思拒絕，也就是不敢推辭。因為聲音柔的人，個性比較溫和、膽子小，也比較無主見，又愛面子，對不起或是推辭之話，不敢明確的表達出來，遇有事情有時會措手不及，這種格局是屬於心性質的人居多。

　　張先生額頭高、眉目清秀、眼睛柔、鼻子挺，嘴巴小、聲音柔，膚色白下巴微削，是心性質的體質，心性質的人，他的體態氣質高雅，處事細膩，比較容易感情用事，具有優越感，自負心重，所以自尊心強及愛面子。

　　張先生的額頭高、鼻子挺、膚白，屬於具有專業才能，確實張先生的公司是一家高科技公司，他從事的工作是專業技術，很適合他的專長。

　　因為額高、鼻子挺的人，處事比較主觀比較有原則，加上眉稜骨高，判斷直接，膚色越白優越感越重，喜歡掌控事務，交代的事情必會如期完成，責任心重，加上眉毛清

秀，天生比較重情義，在事業對公司付出，在家庭對兄弟六親付出。

所以張先生對上司所交代的事情，再難或是時間不足，也不敢拒絕，鼻子挺、嘴巴小，加上聲音柔，遇有困難或是無法達成的目標，也不會當面拒絕，此格局就產生張先生不敢說『不』的個性。

有才華，要讓人知道

故事中提到，因為現在的景氣不好，很多公司休無薪假的狀態，張先生為何一直忍氣吞聲，完全是考慮到家庭的經濟來源。張先生最主要是眉稜骨高、鼻子挺，有志氣，不認輸，不依賴別人來照顧，也就是說別人可以做，我為什麼不能做的個性。

所以你要叫他說「不」，愛於面子他說不出來，如果他的個性不改變的話，一生的運勢及成就難有突破，在社會上永遠是會吃虧的。

社會已變遷了，忠厚老實的人不見得可出頭天，現今懂得與環境的變遷如何進退應對的人，才能在社會上站一席

之地。故事中的張先生，從他的面相分析，確實是一位專業技術人才，在各方面的表現都不錯又盡責，不管遇到任何挫折，必想盡辦法來克服完成。

心性質人的面相

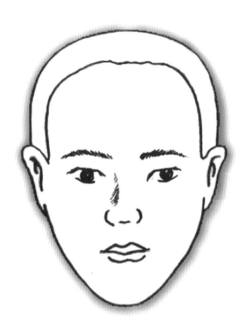

心性質的特徵：膚色白，形瘦，額頭高，眉毛細長，鼻低，嘴巴小，聲音柔，下巴削，毛髮柔細，整體臉型像逆卵形，俗稱瓜子臉。

但是這種格局的人,有才華難展現,不容易受到重視,因為鼻子挺、嘴巴小、聲音柔的人,自尊心特別的強,講話直,不會輕易講出動心的話,要他低頭也不會,拍馬屁更加做不到。

除非是聲音有力的人,才有本錢與人爭論,在工作上嘴巴小的人,處事是默默的付出,加上聲音柔遇到事情不會當面與人對質。

依我的建議,張先生在外面與人出外洽談之事不多,第二點朋友也不多,我建議在人際公關方面多與人接觸,多講多談,就會發現自己還是很會講話,口才還不錯。

一個人的口才,是可以後天來培養,此外,我也建議張先生在講話時要有力量,因為聲音代表一個人的膽量及衝勁,張先生的講話聲音柔,雖感覺很有氣質,可惜沒有威權,明明在生氣,別人也會認為你在開玩笑。

俗語說蚊子釘牛角不痛不癢,所以建議張先生盡量把聲音加強,絕對會改變運勢,不但才華被發現,也會與同事相處融洽。

三十秒面相學
依賴心重的面相

在相學的理論上，天倉飽滿、額頭高、膚色白的人，是心性質的人，平日是比較會保護自己，以自己為主的，除非遇到有危機感不得不出來保護自己的利益，不然這種格局的人，其實依賴性是很重的。

衝動的人，
什麼工作最適合？

在觀相學的理論上，膚色有分為兩種，膚色白的人，比較會享受，也比較有智慧，膚色黑的人比較有衝勁。

小范是個精神充沛的年輕人，給人的感覺是有衝勁、有魄力，凡事都有一股冒險家的精神，卻有著『做事情從不去考慮後果』的情形，讓人看到小范，就想到「明知山有虎，也要虎山行」這句話。怎樣的面貌，會有此衝動的個性？

 林老師開課

小范顏面骨多，額頭低，眉稜骨高，眼睛亮，顴骨高，鼻子低，嘴巴大，聲音有力，下巴微削，膚色黑。從外貌來看，冒險型的人，多半膚色黑、顏面骨多為主。

在觀相學的理論上，膚色有分為兩種，膚色白的人，比較會享受，也比較有智慧，在中國的五行上屬金，顏色以

白色，金生水為智慧，膚色黑，五行屬土，屬於為勞動力。

我們從地球的人類來探討，膚色白的人比較喜愛享受，歐美人士正是如此，而非洲人膚色比較黑，大部份以勞力為主，生命力極強，在惡劣的環境要生存必要能抵抗力強，所以說膚色黑顏面骨多的人，最有犯難的精神。

故事中的小范，在相學的理論上，是筋骨質的人，顏面有骨，處事有衝勁，也比較有體力，如果膚色黑五官結實，其生命力特別強，加上額頭低，在處事上比較單純，不會考慮太多，配上眼睛亮，看到的事物，如果有一點心動，馬上就行動。（眼睛亮的人，好奇心強）。

所以說，小范處事勢在必得，加上鼻子低並有刻苦耐勞的精神，他的聲音又有力，表示有膽量處事有衝勁，總總加起來，就會形成小范有時不經思考，有時候先斬後奏的心態，所以這種人具有冒險家的格局。

理論上，筋骨質的人如遇動態，最能發揮他的專才，那麼，像小范這樣格局的人，在事業上要如何發展呢？

小范額頭低，性格比較務實，講究實際面，思想較執意不會轉彎，在工作方面盡量找比較單純的性質。

　　眉目清秀的人，重情重義，給他三分的好處，他會報答七分，也就是說，付出的多、回收的少，因此，在人際方面人脈很廣，到處是朋友，卻也容易吃虧在交友上。

　　小范的眉稜骨有一點高，處事有耐性，但是有時會很固執，這種格局的人，要與他洽談，或是交代事情，必須要講清礎，因為額頭低眉稜骨高，個性比較直。

　　小范眼睛亮，在處事方面雖會抓緊，但是太急躁，處事經常缺少考慮，加上鼻子低，自己無主張，但是比較有人情味，嘴巴大處事有膽量有衝勁，卻個性太急躁缺乏考慮。

　　如從事企劃規劃就比較不適合，這種格局的人，如果可以安排在工廠或開疆闢土方面，就能展現他的毅力及勞力，不屈不撓的精神。

面貌差一點，運勢大轉變

　　其實我每天都會面臨一些挑戰，尤其當客戶找我論面

相時，都會想要深入了解，會問：「眼睛小和眼睛大有什麼差別？」

　　加上又在教企業面相學，學員的好奇心重，千奇百怪的問題都有，比如，有學員問：如果同樣的格局，膚色白膚色黑，聲音有力聲音柔，是不是運勢就會有不同的造化？

　　一個人的面貌，差一點點，他的運勢就會大不同。故事中的小范，如果是皮膚白、聲音穩重，此格局就有心性質的特性，稱為筋骨心性質，他在職業上就會有不同的領域。

　　因為膚色白，額頭低，較有思維，行事前會先考慮後果及利益，加上聲音穩重，個性不易急躁，配上眉稜骨高者，沒把握之事不會輕易下手；遇到困難之事，會向他人請益。所以膚色白跟膚色黑，聲音粗跟聲音穩重，就這樣的差別，其個性卻是完全相反的呈現。

　　膚色白聲音穩重會低頭向人請益，鼻子低不怕吃苦，遇有挫折會應用智慧，或是利用人際公關方面，加上嘴巴大能吃四方，又懂得與人互動，因為嘴巴大的人有膽量，會容納別人的意見，加上聲音穩重，讓人對他產生好感。

膚色白在交友方面比較會有選擇性，這種格局的人，在創業中會有很多貴人來幫忙，適合在業務人際公關方面發展，能展現才華。

三十秒面相學

　　在觀相學的理論上，有三個質，一個是心性質，一個是筋骨質，一個是營養質，三個質最有動態是筋骨質的人，筋骨質代表生命的動能，精力充沛，屬於勞動付出的形質，處事有耐性能克服一切困難，有不屈不撓的精神，有創造的能力，在生活上講究實事，具有冒險犯難的精神。

有苦難言，怎麼辦？

慢工出細活，也有其需要之處。

一個要求完美的人，在別人的眼裡，經常會被說成有一點潔癖或是很龜毛。周先生就是如此。

在職場上，周先生是一個很認真的人，做事都力求完美，也因為太要求完美，讓四週的人有壓力，相對交代的事情，就是拖拖拉拉，給人感覺很會拖時間，引起同事對他有抱怨，也造成老闆對他不信任。

其實，周先生也只是要求完美，他認為大家對他有誤解，自己感覺有苦難言，有志難伸，不曉得到底該怎麼辦？

周先生的額頭高，天倉飽滿，眉稜骨微高，眉毛有一

點下垂，眼睛柔，鼻子挺，嘴巴小，聲音柔，顏面骨多，膚色白，是屬於心性質兼筋骨質的人。其中，又以心性質佔的比例比較多。

周先生額頭高又有點凸，他的思考邏輯不同於一般，不瞭解他的人都認為他在賣關子。天倉飽滿額頭高的人，本身比較安逸，自我防禦心重，為人較專制，在處事上喜歡獨來獨往的個性，也就是說有好的東西不會與周圍的人共享，膚色白聲音柔，在處事方面自我要求高，不會顧慮別人的想法，所以容易得罪他人。

其實，周先生是一個有能力的人，因為額頭高眉稜骨高的人，在判斷上直接，加上鼻子挺以自己的邏輯為主，主觀強勢，不願意接受別人的意見，會讓人感覺很傲氣，額頭高嘴巴小聲音柔的人，極愛面子，自尊心強，在處事方面考慮太多，也就是太細膩，會給人感覺處事拖泥帶水不積極，遇到有事情不願屈就，也不願意低頭請益他人。

因為額高的人，多半認為自己智慧不錯腦筋好，聲音柔者遇有挫折氣往內吞，所以常自己發牢騷，也就是有苦難開口的人。

用重視代替責罵

一個人的優點與缺點要如何的應用，就看主管的智慧。如故事中的周先生，確實是有能力的人，只要能瞭解他的個性，將他的才華用對職位就對了。

周先生額頭高眉稜骨高，鼻子挺聲音柔，這種格局屬於專業技術的才能，交代他的任務，越細膩愈好，也就是慢工出細活，愈能顯出他的才華。

一家公司最重要的是同事之間要有團隊的精神，才能創造好的業績， 故事中的周先生，確實很難與同事互動，要如何帶動他能與團隊互動，考驗著主管的智慧。

假如一個人平時很安靜，你會感覺他與世無爭或是很冷漠，這就錯了，每個人都希望受到他人的尊敬，受到重視，不表達不代表他沒有慾望。

像周先生其實內在很愛面子，只是聲音柔，不擅於在公共場合展現他的才華，如果換一個角度，以暗化為明，也就是在文書方面傳達信息，比如工作上傳資訊，交代事情等，以他這種個性，絕對會默默的完成。當知道他的缺點是

『在處事方面慢一拍』時，如果希望十天要完成的事，一定要哄他，騙他說在六日前要完成；假如是十天完成也要誇獎他，他就會感覺受到重視，因為鼻子挺，聲音柔的人，最喜歡受到重視。

三十秒面相學

　　心性質的面貌，從外觀看起來，有一點倒三角型，也就是額頭比較寬廣，下巴比較短小，類似瓜子臉。

　　心性質的人神經系統敏銳，帶了一點神經質，在處事方面很細膩，具有想像力，如果聲音柔，在處事方面是慢三拍；再加上膚色白，自我要求高，屬於完美主義者，有時思想上太過於理想化。心性質的人，聲音柔個性優柔寡斷，容易息事寧人，不喜歡與人爭論。

與主管處不好，該怎麼辦？

下巴代表人脈，飽滿者比較健談所以人脈多，
削者心直口快，做事一板一眼，人際自然不佳了。

一個人除了家庭之外，接觸最多的就是職場，職場的一言一行往往關係到日後的升遷與順遂。相信每一個人都希望工作間與同事、工作夥伴相處和樂，互動良好。

但不如意之事十有八九，尤其是與上司處得不睦，那只怕每天都工作得很不開心。

林老師開課

某天，兩位小姐因為工作環境令她們不開心，於是來找我。A小姐談起主管時說：「決定事情不乾脆又喜歡碎碎唸，常常把許久前的事情翻出來講……」，我邊瞧著主管的照片邊聽著描述，內心卻是有一絲絲的笑意，對A小姐說：

「妳與人共事時一定希望別人能照妳的意思做，否則妳會不高興，而且有錯，妳一定會當面指責」。「那當然啊，做錯就要指正啊。」A小姐不服氣的回答。「妳不覺得妳主管的個性跟妳很像嗎」？「哪有，我才不會像他那樣碎碎唸，還陳年舊事都翻出來講。」

A小姐鼻子高、眼睛亮又聲音有力，主觀強，有自己的主見，看到不順眼或不如A小姐意的，就會直接說出來。

偏偏，A小姐的主管也是眼睛亮、聲音有力，就只差在鼻子低。鼻子低的人比較念舊，而他聲音有力，不說出來心裡會難受，自然產生碎碎唸及翻舊帳的特性；鼻子低的人處事的確會反反覆覆，因為他們缺乏主見，但鼻子低的人比較重情誼。「所以，妳的主管雖然愛碎碎唸，但相信他也是關心妳的」。我說。

A小姐的主管除了鼻子低重情誼之外，還有個飽滿的下巴，重人情味，能採納別人的建言，而嘴巴大聲音有力，行動快速、愛面子，所以，與這種主管相處，必須要跟上腳步，且不要搶了他的風頭，可以捧一捧他，也要適時的給些建言，這樣他會認為你很上道。

接著，換 B 小姐吐苦水了。「我的主管個性很難捉摸，高興時就對妳好，不高興時妳怎麼做都是錯。」「這位主管額頭寬廣，膚色白，此種格局的人容易受長輩的提拔。」我說。「確實，他在公司升遷最快」，聽得出B小姐不服氣之音。

一個人容易被上司提拔，必然有他的優點。B小姐的主管額頭寬廣、眼睛柔，處事情善於思考，推理能力強，加上他眉稜骨高，具有判斷能力，再則他顴骨也高，善於掌握事情，再配上嘴巴大聲音有力，處事有氣魄，所以產生霸氣，強人所難的個性。

「他真的很霸道，如果沒照他的意思做，那就要倒楣了，而且下錯了決策，他也不承認，最後倒楣的還是我們這些部屬」，B小姐滿腹的委屈。

完美主義者，內心常自責

的確，這種格局的長官會讓部屬感覺有壓力，但是往另一方面想，他會被提拔，必定有過人之處，才會受到長官的賞識。此位主管顏面骨多，顯示他做事有不屈不撓的精神，加上他鼻子挺，主觀雖強勢，但處事上有原則，遇到困

難會想盡辦法克服，配上聲音有力，主動積極，這在長官的眼裡就是盡心盡力的表現。

額頭高、鼻子挺、聲音有力的人，不喜歡做事推托，也不喜歡拖泥帶水，又膚色白，具完美主義，所以對部屬自然要求甚多，也是因為他的完美主義，讓他無法承受自己錯誤判斷的過失：表面上他在責怪別人，實際上他是在懊惱自己的過失。

要與這種格局的人相處融洽，其實也不難，多多跟他聊天，因為聲音有力的人最怕寂寞，有話不說他會很難過，與他一起時，先讓他開口闡述他的理念，婉轉的回應，自然可相安無事。

人與人相處，不滿意、不順心之事隨時有，尤其在職場上，與其你每天面對他、厭惡他，讓自己心情不愉快，何不去了解他的優點，欣賞他、接納他，將自己的職場換個氣氛，當然若無法做到這點，那除非你將上司開除，自己另謀他職，但是相信每個職場都會有不盡人意的事情，所以一切還是轉換自己的心情是為上策。

不想再當好好先生，怎麼辦？

一個要求完美的人，在別人的眼裡，經常會被說成有一點潔癖或是很龜毛。。

43歲的胡先生一臉憂愁的來到工作室，一開口就說：「老師，我最近的運勢不佳，常被老闆刮鬍子，到底是不是我的流年不順？」

看了看胡先生的面相，我問他：「你是不是常幫同事的忙？幾乎是來者不拒？」聽了我的話，胡先生大驚嚇問：「老師，您怎麼知道？我在公司就是有『好好先生』的稱呼！」其實，正是這個「好好先生」害了他。

林老師開課

胡先生額頭低，個性較務實，講究實際面，在思考方面比較單純，加上天倉削，偏向筋骨質的人，比較重情義，

體力充沛，判斷直接處事肯主動的付出。他的聲音有力，不喜歡拖泥帶水，所以這種格局的人，往往會先接受他人的意見，但其實比較欠周全思慮。

眉稜骨是代表一個人的個性，眉稜骨高的人，自己有一股傲氣，眉稜骨低的人，遇到事情不會當面與人對應，個性溫和，而胡先生就是有此相貌。

加上他的鼻子低，鼻子代表一個人的主觀，鼻低的人最怕人情味，自己沒有能力完成的事情，也會先答應人家，這就是眼睛柔抓不到重點，加上鼻子低，不好意思拒絕，所以常常吃虧，又不敢面對現實，只有默默的承擔一切。

聽完了我的分析，胡先生說：「我的個性就是這樣，不知怎麼跟人計較，可是面貌是父母賜給我的……」「雖然你的個性是與生帶來的，但並不代表就不能變，如果你想在職場上有一番的成就，必須要改變你自己，否則，你會永遠當一位爛好人。」我這樣告訴胡先生。

在面相學中，面貌與流年運勢有很大的關係，如胡先生，流年四十三歲剛好走在鼻子運，流年位置在山根的右邊

部位，妻座的位置，此部位跟他的運勢有關係。因為胡先生的面貌最小的部位就是鼻子。

鼻子代表一個人的個性及主觀，如果臉型過大，顯得五官太小，就容易受到外面的環境，或是他人的引誘所影響，會比較沒有主見。胡先生本身的個性就是比較隨和，加上大運走鼻子運（鼻子運從三十歲至五十歲），所以這幾年困擾更多。

「你自己要懂得推辭，不要再當一位爛好人，不然會影響你的工作與事業的成敗。」我說。

改變個性，黑白人生變彩色

胡先生說，他一直知道自己的問題，但不曉得有沒有方法可以改變？「你有沒有一百塊？拿一張出來。」我說。「有啊，可是要做什麼？」胡先生一頭霧水，但還是拿出了一百元鈔票。

「你看孫中山先生的顴骨低垂，而你的顴骨就是跟孫先生一樣。顴骨垂下來的人，代表四週的事情永遠無法安定下來，自己辛苦打天下，卻讓別人享用。」「那怎麼辦？」

「但是，你確實有一些優點，如果可以發揮，還是可以在商場上佔一席之地喔！」

　　胡先生的鼻子低，代表處事有耐性，遇到任何困難不怕吃苦，如果用在業務最適合。聲音有力，會給人家感覺有魄力，處事不拖泥帶水、乾脆；加上額頭低，處事實際；而眉尾下垂有一付慈悲的臉形，會給人感覺忠厚老實……這些，都可為你帶來好運。

　　所以，只要記得，答應別人之前，要先考慮再回應，並且適時地表達自己的原則，配合你本身的鬥志力及恆心，是不會一直弱下去的「對自己要有信心，才能在職場上有一番未來。」我拍拍胡先生的肩膀。

三十秒面相學

　　從正面觀察來看，胡先生的臉形大，五官比較小，在面相學中，稱為「六府勝過五官」。一個人如果不會拒絕別人的要求，其人的個性溫和，依照面相學的理論，也就是說容易受到外來的因素影響。

　　所以，當你看到一個人的臉形勝過五官的人，此人就容易受到別人的影響，如果你看到一個人的五官正，臉形較小，此人則是主觀強勢（五官越正主觀越強勢）。

得與失，要想清楚

如果懂得一些面相學的理論，對你的事業不僅僅有幫助，也是與人溝通的橋樑。

　　張學員是我陽宅班的學生，帶了2位朋友來找我，一位姓陳，一位姓蘇，她們3人是大學同學，如今各奔前程，今日齊聚在我的辦公室，訴一訴職場的辛酸。

　　在學校時，她們都認定陳小姐將來在職場上會很出色，因為陳小姐對事情始終抱持積極的態度，加上對人和藹可親，總認為陳小姐將來在工作上一定很吃得開，沒想到陳小姐出社會工作後，卻常常吃悶虧，她們都替陳小姐打抱不平，張小姐問我怎會如此呢？

　　陳小姐額頭低，本來就比較務實，思考較單純，之所以處事會積極，在於她顏面較骨感，也就是骨頭較明顯。加

上眉壓眼，這種格局的人，內心會比較急躁，遇事自然會積極的想要去完成。

　　陳小姐鼻子挺自尊心強，而眉毛清秀則重情誼，這在職場上確實是位盡責又容易相處的人，可惜的是她嘴巴小、聲音柔，不敢開口去爭，雖然眼睛亮，能看準時機，處事積極主動，但配上嘴巴小、聲音柔，個性趨保守，只懂默默耕耘，卻不敢邀功，自然是少不了悶虧吃了。

　　其實，這個缺點也是她的優點，以家庭來說，這樣的缺點就是成為賢妻良母的特點，因為她會為家庭無怨無悔的付出，也是會幫另一半開創事業的好幫手，做到讓另一半無後顧之憂的去全力打拼；所以陳小姐在職場上或許不盡如意，但在家庭上卻會是個舉足輕重的人物。

　　另外一位蘇小姐，在校時就是位機靈的人，因為眼睛亮、額頭高，思想靈活，腦筋轉得快，一看中機會，便勢在必得，加上嘴巴大、聲音有力，有膽識有魄力，處事總是精力充沛，勇往直前。此格局的缺點就是做事缺乏考慮；眼睛亮、聲音有力的人做事只想衝想去掌握，卻不會考慮後果，反而容易失去機會。

這種格局的人，若有過失通常不會認為是自己的錯，因為額頭高、鼻子挺，自我主觀強，碰到不滿意或不如意就會發起牢騷來。蘇小姐在職場上向來是有話直言，為自己的利益爭取，卻也是個刀子嘴豆腐心的人，因為下巴飽滿、眉毛清秀，常常為那些吃了虧的同事仗義直言，所以頗受同事的仰賴，成為公司的大姊頭，因這樣的個性，卻讓她成為上司眼中的頭痛人物。

沒有十全十美，心順就好

中國有許多詞句形容年幼及長大後的不同，如『小時了了，大未必佳』『大器晚成』等，在面相的角度而言，其實是有跡可循的，人除了有形質之分外，面相上又分三停，即上停、中停、下停，各代表著少年、中年及老年的運程，除此之外還需配合流年的走向，這才能論及一個人的運勢，雖然個性是自娘胎就已註定，但後天的調教及環境的培養都會直接影響到性格。

面相沒有十全十美的，運勢自然就會有起伏，今日得意了未必明日就如意，今日失意了也別氣餒，或許來日有意氣風發之時，最要緊的是得與失之間，都要平靜看之，心平氣和則順心，順了心則事事就如意也。

第三章
看懂主管面相，相處超愉快

與主管相處，需要智慧，更需要認知，如何縮小認知的距離，簡單的第一步，從面相開始。

愛掌權的主管，
要做足面子給他喔！

面相有心性質、筋骨質及營養質這三個基本型質，但人很少是單一型質，或多或少都會兼具兩種甚至三種的形態。

「小蘇，最近工作有壓力哦？！」一陣子不見的小蘇，這天突然來找我。「什麼事都瞞不過老師的銳眼，最近上頭來了個新主管，被叮得滿頭包，什麼都要管，什麼都要了解，又什麼事都不肯放手。」小蘇說。聽到此言，又引起我的興趣了，趕緊詢問小蘇新主管的相貌。

林老師開課

面相有心性質、筋骨質及營養質這三個基本型質，但人很少是單一型質，或多或少都會兼具兩種甚至三種以上的形態。

　　小蘇的新主管，眼睛亮、眉稜骨高、顴骨高，是筋骨質的表徵，讓他個性傲氣，不喜歡受約束，具有權力慾望，而他的體態有些豐腴，是營養質的代表，此格局的人，善於運用人脈，極愛面子，熱愛排場，雖然做事有擔當，但是喜歡攬權，此種人一生權力、面子重於一切。

　　看了看新主管的照片後，我告訴小蘇：「還好啦，至少你主管還會親自動手處理啊！」「話是沒錯，可是讓我們有毫無用武之地、不被信任的感覺」。

　　筋骨質的人本來就是注重權力，手上沒握著權力他會很痛苦，如果是聲音粗的人，他的行動力強，權力、行動力全部一手包辦，這種人雖然霸氣，但是處事有膽量較有魄力，具有正義感，雖然愛掌權，但也有擔當。

　　如是聲音柔的，正好陰陽相調和，處事有原則，善於管理和企劃，此種主管雖然喜歡權力，但拿捏得宜，大致上會深受部屬的愛戴。但是如果是體胖、膚白、聲柔又配上額高、天倉飽滿的話，那此種人的權力慾望是會耍心機的。

　　如果是聲音無力的人，他所掌的權是『虛權』，因為

他起不了任何威權，這種主管，如果不是當個好好先生就是
受部屬欺負的份了。

以柔克剛，是上策

小蘇膚色黑、骨感多，也是個筋骨質成份重的格局，
所以他會覺得自己的權力被剝奪了。

幸好今天他的聲音柔又穩重，做事前會三思，雖然抱
怨主管，但還是可跟主管相處共事。如果是位聲音粗的部
屬，恐怕三天一大吵兩天一小吵，到時候就不知走的是哪方
人士。

在面相裡，一方強勢，另一方就要柔，其實這也是易
經裡不變的定律，當一個主管是太過陽剛時，所搭配的部屬
最好能『柔性』化，同樣的道理，在家裡太霸氣，掌控欲望
太強的配偶，他的另一半最好能『以柔克剛』來對待，也就
是陰陽法則。

三十秒面相學

　　筋骨質的人雖以權力為重心，但論到『掌控慾』卻是以心性質最為嚴重。心性質的人，具有優越感，以自我為中心，心思細膩，較神經質，常常會疑神疑鬼，所以必須要有所掌控，才會有安全感。

　　不過，心性質如配上筋骨質，卻是個絕佳的組合，會成為聰慧、冷靜、善於拿捏、人緣佳。面相就是這麼的好玩，不同形質、不同部位，組合成千千萬萬的臉孔，千千萬萬的性格。

完美主管的特徵！

了解面相，在職場上就能知道主管的個性，主管的喜、怒、哀、樂。

有次，在一家科技公司的座談會上，一位先生的面貌引起了我的注意。「先生，如果我沒有看錯的話，你是一位主管階級的人！」

聽到我說的話，在座的人紛紛拍手叫好。接著，一位小姐問：「林老師，怎麼樣的面相，是一位能照顧部屬的主管？」「這個人，就在你們的面前。」大家又拍手大叫。這個人——羅先生，正是公司的管理部經理。

相信職員們都希望主管能：1、脾氣和藹可親，2、會照顧部屬，3、有擔當。更重要的是，要不太管部屬。我在演講時，也常常遇到聽眾問：「如何找到好的工作？」「如何找到好的主管？」天底下，真的有這麼好的事嗎？

第
三
章
看懂主管面相，相處超愉快

要看一個人會不會照顧職員，請留意下巴，因為下巴代表與部屬的對待。羅經理下巴飽滿，額頭高眼睛亮，眉目清秀，鼻子低，嘴巴大聲音柔，顴骨平均，法令紋淺，耳朵大有珠，膚色黑看起來是顏面有一點肉，可愛和藹的笑容，具有一種親和力。

額頭高有一點凸的人，比較會頂撞上司，額頭代表長輩也是與上司的對待，如額頭愈高的人，雖然易得長輩的提拔，但太凸者的人，比較會有意見。羅經理的眉毛清秀，代表情義，愈清秀者，對朋友兄弟部屬付出越多，也就是比較有情有義的人。

加上他的鼻子低，一般來說，鼻子低的人比較有人情味，在處事比較會協調。羅先生的嘴巴大，可以容納四方，也就是說，有好康的會與四週的人共享，加上他的下巴飽滿，對家庭有責任感，對部屬更加愛護，還有一個重點在於，羅先生的聲音柔中帶剛，表示遇有事情敢去爭取，特別是部屬的福利，因為下巴代表一個人的財庫，所以對部屬的福利會不惜代價去爭取。

嚴厲主管的面相

當我講完羅先生的優點後，也語重心長地加了一句「可惜，羅先生一直無法往上升。」羅先生看了我一下說：「人生短短，何必去與人爭權奪理？」

「老師，羅主管真的是位很負責任的人，對我們都很照顧，為什麼就是沒辦法升遷？老師又是怎麼看出來的？」一位小姐問。「羅先生的法令紋不夠長不夠深，代表他在處事方面比較會講理，不會以權力壓迫，所以，當需要嚴格執行時，他會不忍心下達命令，在大老闆眼中，就不會是最先被拔擢的人。」

現在，我要來告訴各位，嚴厲的主管通常會有著怎麼樣的面相？

我看了看現場，指指第二排最左邊的一位女士說：「如果我猜的沒有錯，妳是一位高階主管。」現場，又是一陣掌聲。代表我又說對了。這位女士姓楊，我問楊小姐：「現在分析妳的個性好嗎？」「沒有關係，順便讓大家瞭解，我個性雖然嚴厲，但其實我的內在是很慈悲的。」楊小姐說。

　　楊小姐的聲音宏亮，顏面骨多，代表處事上嚴格又要求部屬要快，加上眼睛亮、鼻子挺，主觀很強，有時很強勢；聲音有力，在處事有魄力。

　　「跟妳一起共事的人，要跟上妳的腳步，確實很困難，但是跟妳在一起，卻能學習到很多經驗，加上妳的法令紋深，代表妳處事會使用一點權力，會帶給四週的同事有壓力……楊小姐，不知道妳願不願意接受我的建議嗎？」楊小姐點頭說願意。

　　「如果沒有錯的話，妳表面上看來，是一位嚴格的主管，但是妳私底下對職員很好，如果有任何困難、特別是錢財方面，妳會不惜代價想幫助職員，所以，妳的確如妳所說，表面上嚴格，內在有一顆慈悲的心，因為，妳的眉毛清秀，比較重感情與情義，所以，妳的一生真的對朋友、兄弟、親人付出很多！」

　　聽完我的話，楊小姐哈哈大笑，想必，她聽懂我話中的暗示了！

三十秒面相學

在面相學上，顏面肉多、軟軟的人，稱為營養質。如果老闆屬於營養質，職員會比較輕鬆，因為胖的人跑不動，也不會要求的太多，屬於享受型。

如果你的主管顏面骨多，身材瘦，就稱為筋骨質的人，本身屬於好動，無法安定下來，所以你的工作事情就多，相對被要求也多。

簡單地歸納，如果你比較希望『享福多一點』，那麼，就找一位胖胖的老闆；如果你想要學習多一點，那麼，就找顏面骨多的人，這種面貌屬於實際派，將讓你辛苦中有收穫。

炒老闆魷魚前，
先看看他的面相！

> 　　會成為一個老闆，都有他獨特的特質，不管優
> 點或缺點，我們都該去了解。

　　王先生在職場上是一個很有衝勁的人，在工作上則是個工作狂，工作的能力不錯，經常一人可抵三人用，因此受到老闆的賞識。雖然受到重用，薪水比同事們高，但是他還是無法忍受老闆反覆無常的脾氣，想要掛冠求去。

　　每當聽到客人對老闆的批判時，我總會請客人用另一種角度思考：為什麼他會當上我們的老闆？

　　「就他家有錢咩！」有時，客人會這樣回答我。家中有錢開公司的富二代，也不一定可以長期維持，而能長期將公司經營得好的人，必有他與大眾不一樣的面貌格局，才能

造成他今天的成就。王先生抱怨他的老闆處事無規律、反覆無常，於是，我開始跟他分析「稱職老闆的面相」。

 林老師開課

　　一個成功的人要能獨當一面，定有他與眾不同的特徵，以面相而言必要有三骨，才能成為領導格局：第一骨是眉稜骨，第二骨是顴骨，第三骨是腮骨，我常說人無骨不成器。

　　眉稜骨是與眉毛同一個部位，有一點凸出就算是眉骨高的。眉稜骨可看出一個人的判斷能力，高者判斷直接，處事堅持，能當機立斷，但有眉稜骨的人，在處事上也會比較有自己的想法，有時聽不進別人的建議，所以我們常形容此種人固執。

　　相對的，沒有眉稜骨的人，也就是說眉毛看起來比較平的，給人的感覺就是中規中矩、慈祥的人：看看你的四週或是你的主管，比較有成就的人，他必有的條件就是眉稜骨有稍微凸出。

　　聽了我說的，王先生點頭說，他的老闆的確眉稜骨有

點凸。我笑著告訴他：「你也是啊，眉稜骨凸，你也有你的個性，你自己有時也會很固執啊！但是你有今天的成就，你在公司受到老闆的賞識，也就是你的眉稜骨漂亮，處事有原則，在判斷上直接果決。特別是你在技術方面有長才，所以會受到重用。」

錢景和前景，二選一

被我一說，王先生楞了一下，他還真的沒料到，我竟分析起他的個性。我接著又告訴王先生，他容易剛愎自用，有時會意氣用事。

想想，兩個在一起工作的夥伴，雙方的眉稜骨都高，能互相接納對方嗎？而今一位是老闆，一個是職員，所以雙方的立場自然不一樣。

「你的老闆要管這麼多的職員，他必定要有顴骨，如果沒有顴骨就不成器，有顴骨才有能力管人！」「對，老闆確實顴骨高」。「有顴骨的人才有魄力，才有主見！」「老師，你的形容真的很準，老闆就是有這種面貌！可是，他常常反覆無常耶！」「那麼，他是否是眼睛小且細長，下巴有一點縮，也就是下巴向後斜縮？頭髮細膩？」

頭髮細膩的人，思慮太多，而下巴縮則往往雷聲大雨點小，做事常有始無終，加上思想過多，所以造成個性反覆無常，導致王先生覺得跟這樣的人一起工作有壓力，想離開公司。

　　額頭高的人，思考邏輯會與眾不同，加上頭髮細膩，內在很有計畫性，特別在規劃方面很細膩，如果在專業的領域上，就能展現才華，加上眉稜骨高的人，判斷能力強，但眼睛小而細長的人，處事會考慮過多，凡事會重覆的思考。鼻子挺在處事上主觀強勢，顴骨高則喜歡掌有權力，比較不會顧慮到別人的感受，算是位很有魄力的老闆。

　　缺點在於這位老闆的下巴有一點斜縮，又加上左右的頤頰有點削，也就是下巴不夠飽滿，處事上不夠穩定，有時會莫名其妙的發脾氣，在工作上常會意氣用事，雖然工作能力頗強，動作也敏捷，但缺乏恆心，無法靜下來，喜歡奔波，處事反覆無常。

　　最後，我對王先生說：「你的老闆，是個會賞識你才華的人，就看你自己如何取決，是要以『錢景』為取向呢還是『前景』為考量？」。

三十秒面相學
哪種老闆會想留住有才華的職員？

　　「額高、髮細膩、眉稜骨高、眼睛小細長、鼻挺、顴骨高」──類似這樣面相的人，要注意，在他面前不要搶風頭，因為他是靜態取向，如果你太搶風頭，他會認為你不實在（額頭高眼睛小的人，容易疑心疑鬼），但是，一旦你被他看中，有才華必受重用，不惜代價的留住你。

以心帶人的老闆面相

一個人會成功必有他的優點，值得我們借鏡與學習。

在教企業面相時，有位李學員，必會到星巴克咖啡店，買一杯咖啡請我喝，一次拿了一篇介紹星巴克的文章，看到這品牌的靈魂人物——霍華蕭茲的相貌，深知此人定有不平凡的人生，當然這就成為此次上課的題材了。

林老師開課

一個人的出生環境以耳朵及額頭來論。霍華蕭茲先生的額頭不平整，代表他在小時的家境環境不甚好，但是他的日月角有一點凸，表示讀書時能克服一切困難；眉稜骨高，絕對不向命運低頭，也就是有個性。

以一般中國五行論法，眉壓眼的人，處事會急躁，其實不然，如果配上聲音柔，則會將急躁的個性變為積極，如

果是聲音粗，那就真的是急躁性格了。再說天倉平削，處事上比較主動肯付出，不怕吃苦，有耐勞的精神。

眼睛是一個人把握時機及抓緊機會的關鍵，霍華蕭茲的優點就是他的眼睛定神黑白分明（在歐美人來講就是眼珠與白眼球清晰分明），眼睛定神的人，在判斷上能抓緊機會，又加上他的眉稜骨高，判斷果決，決定任何事情都有自信；個性很堅強，就是他的鼻子挺主觀強勢，有自己的主見，而且顏面骨多，處事勢在必得，會堅持自己的理想奮鬥到底。

要求品質，客戶滿意

在業務上有優越成績的人，第一點天倉平削，處事情會比較主動出擊，肯努力不怕吃苦，第二點眼睛亮，能掌握時機，具有抓緊重點的能力，霍華蕭茲他的面貌，就是有這種特徵，加上眉稜骨高在判斷上很犀利，不喜歡拖泥帶水。

因為鼻子挺主觀強勢，對他喜歡的事情定勢在必得，相對的在業務上如果遇到瓶頸，會想盡辦法克服，也就是不認輸的個性，一個成功的業務員，就是要能不服輸、有耐性的去說服。

霍華蕭茲的嘴巴大，善於口才表現，要有說服力就是要配上聲音，他的聲音柔中帶剛，是最具有吸引力的地方，也就是說服力強，如果聲音粗會給人感覺太強勢，如果聲音無力的話，會讓人感覺無誠意或是讓人不動心。

　　所以柔中帶剛是最有說服力，加上有一點腮骨有毅力不認輸，因此他在業務拓展上是一位人才。

　　霍華蕭茲對待部屬如兄弟，也就是他能以心來帶人，一個老闆會受到部屬的擁戴，第一點眉毛要清秀，對待部屬如兄弟，眉愈清秀對朋友、部屬付出得多，回收的少。

　　第二點：鼻子要豐隆，鼻子代表一個人的錢財，鼻孔大捨得花錢。第三點：下巴飽滿有朝的人，處事有原則，賞罰分明，該付出就會做到，所以能讓職員心服。

　　第四點：顏面要有一點骨的人，對部屬很照顧，因為腮骨為付出多，所以對部屬的愛戴是有目共賭，這種格局的人有好康的事情，會與職員分享。

一個人會成功必有他的優點，
值得我們借鏡與學習。

　　星巴克公司對於品質要求比較完美主義，這與負責人的容貌有關係，我們常說看一個人的面相，就知道你四週的人跟你是怎樣相對應。

　　如霍華蕭茲先生，他的面貌是心性兼營養的形質，他的要求會是求完美，膚色越白，也就越重視外表的整體美化，所以他對職員的要求也是要有一定的水準。

　　※所謂的下巴有朝，就是俗稱的『戽斗』。

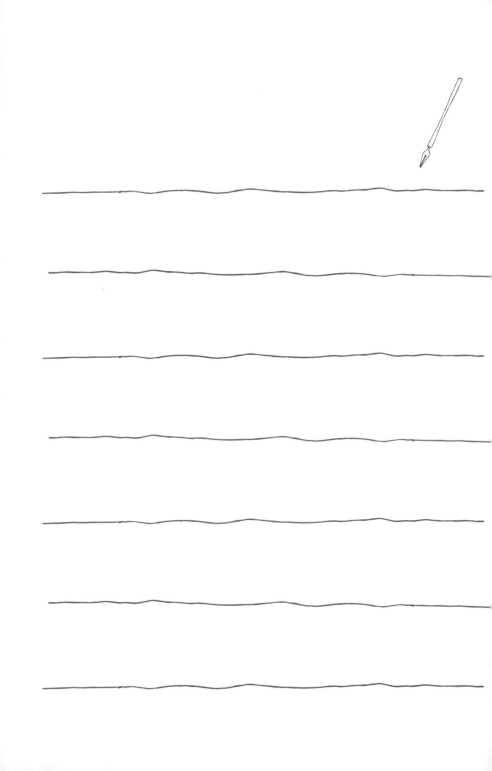

第四章

公司各型人，
面相看出來

人沒有十全十美的，每人都有缺點，只要能了解到對
方的特性，我們就可以尋找最好的方式來相處，

難搞的人，如何相處？

大家都希望與旁人相處融洽，卻多的是事與願違，看人有時需要用不同角度去看待，了解後就自然好相處。

不論在用餐，在路上，在聊天中我們都會聽到『某某某好難相處』『某某某好難搞』『某某某脾氣好古怪』……等的對話，可見這樣的人物比比皆是。

不管是在工作場合、社交，甚至親友間，都會碰上『脾氣古怪』『難搞』的人物，這些人大部分是在於思想上的偏差，造成情緒的不穩定。

 林老師開課

說到思想，第一個想到的就是額頭——額頭的高、低、寬、凸等，與一個人的思想關係大不同。額頭高的人，思想敏捷反應快。額頭低的人，思想單純較務實。額頭寬的

人，思想豐富善於推理。額頭凸的人，思想多元，個性屬於獨立。

光額頭就這麼多種，哪一種是屬於難相處的人呢？在額頭這個部分來講，思想較古怪的是屬高又凸的人，因為他們思想豐富又敏捷又多元化，這種額頭常常會突發奇想，點子特別多，常能想出別人想不到的事情，具有創新的才能。

當然，這種格局的人常常讓人摸不著頭緒，無法配合他的思考邏輯；再來就是髮際的部分，髮際就是頭髮與額頭的邊緣，如果參差不齊，也代表個性上較不穩定。

了解特性，大家都不難搞

會讓人覺得難相處、難搞定的人，此人在人際方面一定欠缺。與人情最有關連的就屬眉毛，面相學稱眉毛為兄弟宮，但不僅止於兄弟姊妹，亦及於親族朋友，也是看姻緣與感情的對待。

眉毛清秀的人，個性溫和，與人相處懂得拿捏，為朋友付出多，與朋友的情誼屬於永久性的；眉毛稀疏的人，自我本位主義強，思慮清晰，但與親友較疏離，情感方面也較

淡薄。相書裡面寫著『眉濃屬情、眉淡屬智』，所以眉毛清淡稀疏的人，比較不會在意別人的感受。

另一個配合的部位就是眼睛。我們常說『眼睛是靈魂之窗』——眼神所表露出來的是一個人的內在想法。

眼神平穩的人，個性較沉著，自我約束力強；眼神柔和的人，喜歡浪漫，講究情調，不輕易得罪他人；眼神亮的人，精力充沛，個性急躁，對事情是勢在必得，所以眼神亮的人他在處事上，比較缺乏考慮，容易開罪於人。

鼻子也是一個重點，鼻子在相貌當中位於最中央，他代表著一個人的自我意識。

鼻子低的人，比較有耐性，重情誼，包容心大，但善於變化，易翻舊帳；鼻子高的人，主觀強，處事有原則，喜歡發號施令，個性倔強。而鼻子露骨者，個性比較極端，自我優越感強，不懂得察言觀色，所以鼻子露骨的人，往往被歸為『難相處』的人物之列。

一個人的相貌，當然不是只有上述那幾個部位，臉上

的每個器官都有他代表的含意，論相時一定要綜觀整個臉，也就是所有器官加起來論，才能呈現出一個人的個性及運程。除了眼，眉，鼻外，嘴巴小的人，情緒起伏大，小事容易爭吵，但遇到大事卻沒膽量。

如果是嘴小但聲音有力者，愛面子，愛搶風頭，是非多，如果是聲音柔的人，不敢明確表達，無鬥志；嘴巴大的人，雖無心機但是講話太直，容易得罪他人，如果嘴巴大但是聲音柔和的人，口才流利，善於表達，與人互動良好。

但是如果嘴巴大又聲音有力的人，那就糟糕了，個性霸氣又不認輸，往往吃了虧還要逞強；還有唇厚的人較重情義，忠厚老實，唇薄的人，事業心重，待人處事不夠圓滑。當然嘴巴大又唇薄，那就會有難相處的個性。

再一個部位就是下巴。下巴在相學裡觀的就是人脈及處事的穩重度和晚景。下巴簡單分為兩種，就是下巴飽滿與下巴削。

下巴飽滿的人，比較有包容心，具有人脈，所以他比較不可能是別人眼中『難搞』的人。以下巴來說，難搞的

人，以下巴削的人莫屬。下巴削的人通常在專業領域會有所才華，但是個性急躁，易衝動，比較不會考慮到他人，往往一意孤行，導致與別人溝通不良，形成格格不入的窘境。

人沒有十全十美的，每人都有缺點，只要能了解到對方的特性，我們可尋找最好的方式來相處，這樣在工作場合或社交場合上，就不會因有『難相處、好難搞』的人物而破壞了情緒。

愛拍馬屁，
面相看出來！

> 　　講到利益，大家都會很自私，這是社會上的現實面，所以我常說，知人不知心，人心難測。

　　小王與小張在同一時期進入公司，兩人也因為無話不說，成為好朋友。然而，在公司久了，小王發現，他所有的企劃提案及創意，最後都成了小張的案子，所有的功勞全部落在小張。

　　小王有一點不服氣，又不願當面與小張撕破臉，加上小張口才流利，在老闆的面前，總是極盡所能的示好，而木訥的小王，就是這樣眼睜睜的看著小張晉升，成為自己的主管，最後黯然的離開公司。

　　有志難伸跟面貌有關係嗎？小張的面貌是會拍馬屁的人，他是怎樣的面貌。

在社會中常常聽到『可以當朋友，但是不能共事』這句話。講到利益，大家都會很自私，這是社會上的現實面，人生最痛苦的，就是友誼與利益有衝突時，就是競爭者，沒有時，就是好朋友，所以有句話說：「知人不知心」，人心難測。

小王的額頭高，眼睛柔，眉目清秀，印堂有一點窄，鼻子挺，聲音柔，膚色白。以面相學的理論來看，稱為心性質兼一點筋骨質。

額頭高膚色白，代表小王的心性質佔的比例較多，心性質的人膚色白，頭腦靈活反應快，膚色愈白，自我要求完美，在企劃專業上能展現才華。

論理額頭高，容易被發現能力及才華，可惜他的眼睛柔擅於推理，但有時後太理想化，加上聲音柔，個性有時優柔寡斷，容易息事寧人，不喜歡與人爭論，遇到有一些事情或是不愉快的事件，不敢與人爭執。

所以這種格局的人，往往氣會藏於內心，有口難言，加上命宮有一點窄的人，在思想上會放不開。

小王的眉毛清秀，本身比較會念舊情，也就是較惜情，又加上命宮窄，對事情的發生很在意，會一直無法放掉一切事實，所以他會選擇黯然的離開，也不想去得罪他人。

特別是對有情的人，寧願犧牲我自己也不會去迫害他，一切自己承擔，因為有一點腮骨的人，特別惜情也就是重感情的人。

拍馬屁或好人材？就看怎麼想！

我們常說，社會中有一種人，能見風轉舵有利益絕對不會輕易放棄，為了利益，可以見利忘友，小張就是屬於這種格局。

小張的額頭高，眼睛亮，在處事上會抓緊機會，不輕易的放棄；他的額頭高反應快，能知道對方的心態，又加上天倉削，在處事方面能主動，表現自己的才華，讓人家瞭解他的能力，最主要的是他會利用別人的優點，來顯示自己的能力。

眉毛是代表一個人的情義，如眉愈清秀的人，重情義但常常吃虧，如眉尾稀梳的人，特別的聰明敏銳，加上聲音有力，在處事上比較有膽量，也會搶風頭，善於表現自己的才華，但是嘴巴小能力上時好時壞，所以容易為了利益，會利用自己的口才，而不會考慮別人的立場。

　　他的顴骨有一點反骨，代表此人先以利益為主，加上下巴微削，性格上有好的事情，不會輕易與人共享。如果從另外一個角度切入，不管是有實力，或是虛偽，這樣的人都能掌握時機，也可說是個才能，所以一個人的面貌，有缺點也有優點，自己如何展現出來才是重點。

三十秒面相學

　　如果，你是一位主管，有小王這樣的職員，要主動去關懷他，多瞭解他的心思，多多的讚美他的才華，小王一定會更加的努力求上進。

　　因為額頭高鼻子挺的人，最喜歡受到重視，身為主管如果能瞭解的話，讓他自己感覺受到重視，這種格局的人會積極的求表現，在工作上會有創意，對公司是有利的能才。

這類面相，
易見風轉舵！

> 只會說不會動手做的人大多是營養質的特性，所謂營養質就是顏面多肉，胖胖的；營養質的人力求舒適，喜歡安逸。

　　小威在貿易公司任職，是位頗盡責的年輕人，公司的業務繁忙，雖然辛苦，但看在薪資不錯的份上，倒也都甘之如飴，但是，就唯獨對X同事心生不滿。

　　「他只會說都不做事，又會拍馬屁，工作總是挑輕鬆的做，又很會計較，尤其擅於見風轉舵，而且罵不還口，打不還手，就是很賴皮的人…」，小威說起這位X同事，真是氣得牙癢癢的。

林老師開課

　　只會說不會動手做的人大多是營養質的特性，所謂營養質就是顏面多肉，胖胖的；營養質的人力求舒適，喜歡安

逸。看這位X同事，鼻子低、八字眉、顴骨退，這見風轉舵的配備，這位X同事全都有，難怪小威說他非常擅長於見風轉舵。

但是轉舵也要轉對人啊，這時就需要明亮的眼睛，X同事的眼睛算是雪亮，所以對上當然少不得會阿諛奉承。

而他下巴飽滿，在交際手腕上也是頗有一套，再配上聲音柔，會營造可憐的景象博得同情，再看這位X同事膚色白，會有選擇性，配上他的營養質特性，就顯示他只會挑有利於自己的事情做。

了解性格，化敵為友

我常告訴學員，一個人好不好相處，在於了不了解他的性格，最怕的就是利用他人的弱點加以攻擊，或許可以逞一時之快，但長久而言卻是不利，不如化敵為友，取對方的優點，反而可以助自己一臂之力。

好比這位X同事，他的優點在於他的交際，因為他鼻子低，重人情，也容易忍氣吞聲，他的下巴飽滿，有交際手腕，這些都是開發業務的最佳利器，如果你懂得他的優點，

在業務上就可大大的提升效率。營養質的人最忌諱搭配上聲音柔，因為營養質的人本身就依賴性重，加上聲音柔沒有衝勁但又佔有慾強，再配上個膚色白，那他當然會挑有利於他的工作，而且有好康也不會想要與人分享。

而眉尾下垂的人，在人際方面的交涉，確實是有一套，再又眼睛亮，善於抓住機會，特別是對他有利的人物，他就會去爭取表現，所以見風轉舵的個性就表露無疑了。

像X同事這種格局的人，當公司在分配工作時，可以當著上司的面誇讚他，因為營養質又下巴飽滿的人，是很愛面子的，尤其膚色白，所以當著大家或上司的面誇讚他的才能，訴說某某工作別人是做不來，就非他莫屬等等，這種愛面子的人，是不便當眾推辭的，到時候他若忙不過來，再伸出援手幫一把，這種格局的人會感謝你，一定會回報於你。

懂得面相，能讓你了解對手的喜惡，知己知彼，在人際的溝通上，就可掌握時機，充分運用。人，沒有十全十美的，一定都有優點與缺點，學會了看相，知其個性，截長補短，在現在這工商時代，確實是個不可多得的利器。

三十秒面相學
讓愛面子的人感謝你

　　營養質又下巴飽滿的人，是很愛面子的，尤其膚色白，所以當著大家或上司的面誇讚他的才能，訴說某某工作別人是做不來，就非他莫屬等等，這種愛面子的人，是不便當眾推辭的，到時候他若忙不過來，再伸出援手幫一把，這種格局的人會感謝你，一定會回報於你。

什麼都無所謂，
面相造成？

> 面相的三個形質：營養質重財物，筋骨質重權
> 力，心性質重名利。

　　有一次，我到楊先生家鑑定住宅的風水，看完後也將
近中午，楊先生順道請我吃飯。我這個人就是有一點壞習
慣，三兩句話總是離不開我的職業，在吃飯時，我開始分析
楊先生全家的面貌及運勢。

　　或許是說得八九不離十，楊先生聽完後頓了頓開口
了：「老師，我可以請教一件事嗎？」「可以，你說。」
「您幫我看看，這個人姓許，您覺得他個性怎麼樣？」楊先
生拿出一張照片，上面是他和五個人的合照，指著站在他旁
邊的人，請我說出我的想法。「你先告訴我，他平常說話的
聲音是柔和型，還是大聲有力型？」我問。「比較柔的那一
種。」聽完楊先生的回答後，我開始分析如下：

林老師開課

　　許先生額頭高，眉尾有一點稀疏，眼睛柔，鼻子挺有一點露骨，聲音柔，膚色白。從許先生的面貌來觀察，在相學上稱為心性質。

　　額頭高的人，加上膚色白，是自我主義，追求高理想，但是如果額頭過高的人，會超出現實面，這種人只流於空想，許先生的聲音柔，如沒有達到自己的目的，反而是反效果會消極的反抗，表面上與世無爭，內在，其實是不服氣，卻又不敢表達。

　　再論許先生的額頭高天倉飽滿，比較屬於安逸，不喜歡變動，如果膚色越白，聲音無力，這種現象就會更明顯。

　　眉尾有一點稀疏，在人際方面就差人一截，加上聲音柔，平常不會主動與人洽談，在人際方面與人互動少，加上眉尾稀疏，朋友也不多，而且也會選擇交友，所以這種格局，人際公關方面比較吃虧。

　　許先生的顴骨有一點反，如沒有達到他的理想的話，

此人會消極，他的形態屬於安靜型，如果從事文書企劃方面，就可以發揮專才。

聽完我的分析後，楊先生說：「老許，是和我同期進公司多年的老同事，幾年前，我離開總公司，到另外一個單位，成為經理，最近又調回總公司升為協理。當我看到老許坐的位置，跟以前的職位沒有什麼大變化，我真的嚇了一跳：雖然我們這一批人，升遷最快的是我，但其他的同事，最起碼也升到了科長以上的階級，但是進公司這麼久，老許現在還是課長而已。」

楊先生接著說：「我很好奇追問人事主管，為什麼老許沒有升遷？是不是犯了大錯？人事主管說並沒有，只是每次要調升老許的職位時，老許就說要把機會讓給別人。」

後來，楊先生多次勸老許，問老許，比他晚來的同事，一個一個都往上升職了，難道老許心裡不會不是滋味嗎？沒想到老許還是說無所謂，不想調動，還反問楊先生：「在這個職位不是很好嗎？」「老師，您說，我到底還能怎麼幫他？總不能讓他對任何事情都依然故我，一副無所謂的樣子吧？」

公開表揚，讓人變得『有所謂』

我問楊先生：「你們的公司如果要調動職位，是會到另一個單位嗎？」「對，雖然比較辛苦，但以公司的制度來看，要升遷，必在外面奮鬥才有機會往上升，可是他可能不願意吧！」

楊先生是一位有情有義的人，看到老同事還是沒有成就，心裡過意不去，想要拉許先生一把。

一個人會主動幫助別人，大部份是眉目清秀，下巴飽滿，楊先生就有此格局。

當楊先生問我該如何幫助老許時，我說：「一個人都有他的優點與缺點，不可能都是完美的，像許先生這種格局是屬於陰靜，一般而論，眼睛柔聲音柔的人，他的內在屬於安逸形，只要你懂得運用他的優點，他是好相處的。」

許先生額頭高，眼睛柔，膚色白，鼻子挺，自尊心很強勢，極愛面子又不敢表達，他雖有自己的想法，但卻顯得有些膽小，怕負不起責任，這種格局，比較適合在文書企劃方面發展。

我對楊先生說：「許先生自尊心強，愛面子卻又不敢表達，以這種格局的面貌屬於文秀形，在企劃上面，是有能力的人，如果你公開表揚他的點子，他會覺得能力受到肯定。額頭高，眼睛柔，聲音柔，膚色白，表面上給人的感覺是與世無爭，其實這種人很喜歡被人讚美，所以，要多讚美他，讓他有信心。」

　　聽完我的解釋後，楊先生說他瞭解了，最後還說，以後有時間，必會多瞭解面相的奧妙。

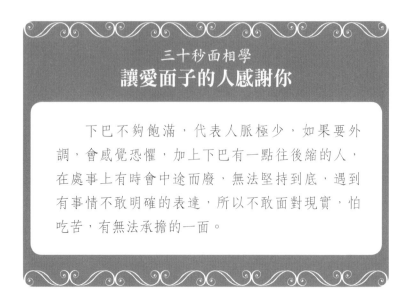

三十秒面相學
讓愛面子的人感謝你

　　下巴不夠飽滿，代表人脈極少，如果要外調，會感覺恐懼，加上下巴有一點往後縮的人，在處事上有時會中途而廢，無法堅持到底，遇到有事情不敢明確的表達，所以不敢面對現實，怕吃苦，有無法承擔的一面。

太求完美，
面相看出來！

對事情力求完美是好事，但吹毛求疵的完美就成為龜毛了，容易造成四周的人有壓力感。

對事情力求完美是好事，但吹毛求疵的完美就成為龜毛了，容易造成四周的人有壓力感——吳小姐就是碰上了這樣的夥伴。

吳小姐和李先生被編制在同一組，剛開始李先生處處細心事事謹慎的態度，讓吳小姐很安心，慶幸著有這麼細心的同事，出錯率可以減少許多。

但……漸漸的覺得，這樣的細心卻變成她的一種壓力及負擔，因為李先生做事已到吹毛求疵的地步，比方說，文件一定一個字一個字逐一檢查，也必須一張一張疊好訂好，這些都還小事……。

「有時確認個事情，他會反覆詢問，一而再、再而三的問你，都被他問煩了，常常因為要等他整理好東西，而讓客戶等候，這樣的夥伴快讓我發瘋了！」吳小姐抱怨著說。

 林老師開課

有完美傾向的人，在面相學裡大多是屬心性質。心性質的特徵是膚色白、額頭高、聲音柔、身形纖瘦之感。這種形質的人，做事情細膩，有計畫性，有優越感，過於理想化，甚至有潔癖。「對對對，他每次要開會時一定都要把桌椅擦拭乾淨才會安心的坐下來開會」吳小姐附和著。

李先生的整體五官，額頭高、眉毛清秀、膚色白、鼻子挺、命宮窄等；額頭高與鼻子挺，代表李先生的思考會以自己的邏輯為主，而他膚色白，要求品質，尤其李先生的頭髮細，凡事都要思考再三，想得太周密了，就會讓人家覺得龜毛。「老師，你說他思想周密，可是我老覺得他做事都沒抓到重點」吳小姐質疑的問。

那是因為李先生眼睛柔。每個人都會有優、缺點，眼睛柔的人往往抓不到事情的重點，但是李先生他就由詳細的思考來彌補這個缺點，再加上他命宮窄，在處事上容易緊

張，尤其是碰到腳步快的人，他就會很緊張，就會更想力求完美。

「像吳小姐妳啊，嘴巴大聲音粗，不要說他造成妳的壓力，妳對他來講也是很大的壓力來源啊！」我接著說：「可是，妳別看他聲音柔不會跟妳爭，其實他內在也是有不服輸的個性，因為他嘴巴大，這種人往往會有報仇10年不嫌晚的性格。」

李先生因為聲音柔，不善於表達，而額頭高又思想多，卻不知如何表達出來，又鼻子挺嘴巴大，固執不認輸，內心總想著「我會做到完美給你們看」，就是台語所描繪的「靜靜吃三碗公」的人；但越是如此就越讓同事們對他產生防禦心，會認為此人是心機重的人；其實有時候真的是『想太多了』。

李先生在企劃上確實是個人才，額頭高再加上頭髮細，對於事情很有計畫性，而眼睛柔也輔助了他在『推理』方面的能力，對於處理事情方面不易受外來的影響，嘴巴大，他有雄心大志，配上聲音柔，處事不會急躁，但是受到打擊時容易意志消沉。

其實我認為吳小姐和李先生這對夥伴，是絕佳的配對，因為李先生細膩，整體呈現的是『陰』態，而吳小姐快人快語，大剌剌的個性呈現出的是『動』態，這在易經裡是最佳的組合，「中庸」之道，真佩服他們老闆的智慧，或許他們老闆也懂得『識』人。

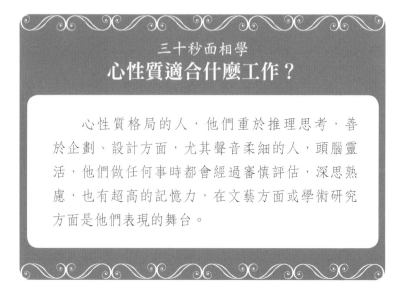

三十秒面相學
心性質適合什麼工作？

心性質格局的人，他們重於推理思考，善於企劃、設計方面，尤其聲音柔細的人，頭腦靈活，他們做任何事時都會經過審慎評估，深思熟慮，也有超高的記憶力，在文藝方面或學術研究方面是他們表現的舞台。

第五章

要走？要留？
面試成功！

一個人面臨求職或是有願望的時候，所先要知道自己
的氣色好壞，氣色的部分以額頭最重要，如氣色佳代
表自己充滿信心。

求職，
有機會成功嗎？

額頭在面相學統稱為事業宮，也代表一個人的思考。

夏末初秋，又到畢業的年輕人，要邁入社會的時機，也是青澀的畢業生，踏入社會面臨求職的競爭時節。有兩位女生，分別是陳小姐及張小姐，到工作室來找我，詢問工作及運勢。

才從大學剛畢業要初入社會的人，沒有經歷的情況下，難免會有一點緊張。問題不外乎：下個星期三要去應徵面試，自己沒有閱歷，該注意什麼事項？怎樣能展現自己的才華？及要如何應對進退，讓她們能順利被錄取。

一個人面臨求職或是有願望的時候，所先要知道自己的氣色好壞，氣色的部分以額頭最重要，如氣色佳代表自己

充滿信心。聽到我的說明，兩位小姐互看對方的額頭氣色，我對張小姐說：「妳現在額頭的氣色還不錯，代表妳很有希望會被錄取！」

在旁邊的陳小姐聽了，也問我，她的氣色如何？去應徵會被錄取嗎？陳小姐的面貌，氣色很平均，代表現在的心情是沒有憂慮的氣色。

「如果沒有錯的話，妳並不急著找工作！」我說。張小姐則在一旁猛點頭：「老師，你到底是如何從氣色就能看出來她現在的狀況？」

原來陳小姐畢業後，在自己家的公司上班，今天只是陪張同學一起來的，她問，有很多位同學去求職，結果都不是很理想，是跟景氣有關係嗎？我說：「沒有關係。既然有要應徵人員，代表此公司需要人才。」

「妳們剛才說，有幾位同學去應徵不是很理想，有空可去觀察他們的額頭的氣色，想必一定不佳，其中的因素是你們這一些年輕人，大多晚上都會玩網路，至半夜還不休息，自然額頭的氣色不佳，必會影響錄取機運。」

一個人要如何瞭解自己額頭的氣色？不妨在早上起來先照鏡子，看看自己臉上的氣色美不美，如果氣色好，則今天做什麼事情都順利，如果氣色不佳，今天做的事情將不如你意，言行舉動也要特別留意。

我告訴張同學，要面試成功，必須調整你自己的精神，早睡早起多運動，會幫助氣色及運勢。

在應徵前，必須學會幾個『辯識面試官』原則，讓你第一眼就了解對方的個性，與之應對，才有機會被錄取。

林老師開課

如果遇到面試官額頭高，代表他的思想豐富、聰明反應快，鼻子挺者，主觀很強勢，這種人對任何事情都要求完美，也就是比較挑剔，如果膚色又白者，那他是高要求，是完美主義的人。

額頭高、鼻挺、膚色白屬於筋骨質兼心性質的人，與他對應，盡量以專業來對談，因為鼻子挺的人主觀強勢，在對談中不要跟他搶風頭，加上膚色白，是完美主義的人，記得此格局的人，連你的舉止、坐姿及穿著，都會很重視。

額頭高、鼻子挺、聲音有力的面試官，代表此人思想豐富，在處事上能抓緊機會，做任何事情不會輕言放棄，鼻子挺自我要求高，主觀強勢，聲音有力的人，有衝勁有魄力，個性比較霸氣，這種人吃軟不吃硬，你要與此人對談的話，不要自吹自己的能力，反而會被他看不起。

遇到此格局的人，盡量以他的意見為主，也就是說有一點喜歡人家拍馬屁，但也不要太過於虛偽，因為這種人是比較講求實力派的人。

額頭低、鼻子低、下巴飽滿，聲音柔講話慢的人，這種格局的人，屬於營養質兼心性質的人，在處事上要求務實性，與此格局的人對談要拉關係。

比如『兩人都是台南同鄉』，他會很高興與你拉關係，因為鼻子低的人，比較有人情味，而聲音柔者，與之講話要有耐性，對談時講話要慢，不然，對方會認為你沒有耐性，處事太急躁，對你的表現就會打折扣了。

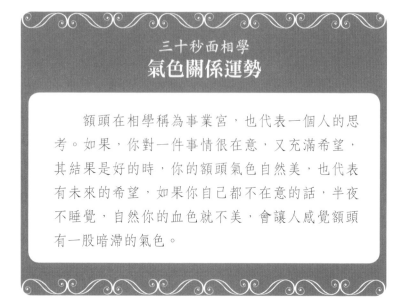

三十秒面相學
氣色關係運勢

　　額頭在相學稱為事業宮，也代表一個人的思考。如果，你對一件事情很在意，又充滿希望，其結果是好的時，你的額頭氣色自然美，也代表有未來的希望，如果你自己都不在意的話，半夜不睡覺，自然你的血色就不美，會讓人感覺額頭有一股暗滯的氣色。

轉行當業務，可以嗎？

在面相的理論上，一個人對現在的工作不滿意，或是無法信任自己時，額頭這一塊的氣色會非常明顯。

「老師，我想換工作！」一臉秀氣、皮膚白皙的施小姐，有一雙溫柔的眼睛，一開口就說想換工作。

一個人要離職，最大的因素有三個：第一，覺得上司對我不滿意。第二，與同事之間有衝突、互動不好想離職；第三則是，想換一個跑道。

在面相的理論上，一個人對現在的工作不滿意，或是無法信任自己時，額頭這一塊的氣色會非常明顯。從施小姐的額頭觀察，氣色不是很暗滯，代表她不是被人開除。

我問她：「為什麼要離職？」「公司的主管，認為我

適合從事業務，想將我調到業務單位，但是我不喜歡與人洽談。」施小姐開個頭後又問：「老師，您覺得我適合哪一種工作呢？」

「妳在現在這個公司多久了？」我先問。「兩年。」「從妳的臉形和氣色來看，妳在目前這個單位很輕鬆，對不對？」

施小姐一楞後點點頭說：「我在現在的部門真的很輕鬆自在，偏偏最近業務單位有同事離職，一直找不到業務人才，所以業務經理就向大老闆建議，希望我調任到他們的部門工作。」

聽完施小姐的話，我立刻回答：「恭喜妳！」「什麼？我都要離職了，老師您還在開玩笑？！」

「能讓上司欣賞妳的才華，是件不簡單的事，妳想想，公司這麼多的同事，為什麼業務主管偏偏邀請妳到他的單位？」「可能是我人緣好吧！」施小姐說。「沒錯，這就是重點。」我說。

林老師開課

施小姐的額頭高膚色白，天生就屬比較好命的人，額頭寬廣的人，如果膚色白，則是思想豐富，擅於溝通，腦筋反應快、學習能力足，對任何事情的看法，比較有宏觀性，加上天倉飽滿眼睛柔，個性比較安逸，不想變動，在錢財方面比較有理財的概念。

眼睛柔的人，在處理事務上比較屬於推理，處事不會急躁；鼻子挺則處事有主見有原則，不會聽信謠言。

顴骨高，能掌握時機，比較有威權，處事受到尊重；嘴巴大則有魄力有衝勁，聲音柔中有一點剛氣，表示平常不會與人爭論，但遇到事情或是被欺負時，會積極的反抗。

於是，我告訴施小姐：「其實妳有能力可以往業務上發展，換個跑道，感覺不一樣的人生。」

聲音柔中帶剛，業務有優勢

聽到我的鼓勵，施小姐接著追問：「老師，如果我到業務單位，要如何在這一塊領域發揮？要注意哪些事項？」

「先談妳的優點，妳的面貌是屬於心性質兼筋骨質，整體感覺給人雅氣優美，加上眼睛柔，給人的感覺很實在，覺得妳的個性忠厚老實，會想要幫助妳。妳雖然不喜歡與人洽談，其實妳是個口才流利的人，而妳的聲音柔中帶剛，是一個優勢，講出來的話，會給人一種誠信的感覺，所以，我建議妳可多在人際公關方面與人互動，對妳的業績絕對有幫助。」

　　施小姐額頭高眼睛柔，代表年紀比較大的人，是他的貴人，我也提醒她，在業務上遇到階級比較高的人，將會對她的業務有助力。

　　由於施小姐的額頭高、鼻子挺、膚色白，對自己的要求高，所以，我也告訴她：「對任何事情不要求太高，不要太理想化，因為，妳要從事的是業務，要懂得與人應對進退，學習能屈能伸，才會成為一個成功的業務高手。」

三十秒面相學

　　一個人如果聲音無力，聽起來就沒有味道，讓人聽不下去；如果聲音柔，有一點撒嬌的味道，聽起來當然感覺很舒服，但在商場卻不適合，因為會讓人感覺處事無衝勁無魄力；如果聲音有力，會給人感覺有魄力有膽量，但也要記得，容易變得太強勢，讓人有防禦心。

下一家公司會更好嗎？

> 我教風水地理、斗數、命理、面相這麼多年來，通常額頭高、下巴削、嘴巴小、聲音有力等特徵的人，容易在背後評斷他人。

常常聽到有些人，很喜歡批判公司的政策，或是對主管老闆的作風不滿意，既不願離開，又喜歡發牢騷，認為在此公司上班，完全是公司虧欠他，自己倒是一點兒也不欠公司。

常言「無風不起浪」，我教風水地理、斗數、命理、面相這麼多年來，也認識很多各階層的人士，累積了各種行業人士的案例，發現最喜歡批判別人是非的人，大都是額頭高、下巴削、嘴巴小聲音有力等特徵，最喜歡批判主管或老闆的是非。

某天，王小姐與我預約晚上八點到工作室，論她的運勢及流年。那一天客戶預約人數比較多請王小姐等一下。

輪到王小姐，她看起來有一些不耐煩，我照樣先問年齡。「王小姐，妳今年幾歲？」「虛歲四十一歲了。」「如果我沒有猜錯的話，妳今天來論命，最主要是跟事業或是家庭有關係！」

「老師，您說對了，我有一個公司上的問題，另一個是家庭有一些不愉快，但您怎麼知道？」「因為，答案就寫在妳的臉上！」我說。王小姐楞了一下後說：「老師，您真愛開玩笑，我的臉上會寫字嗎？」

林老師開課

從王小姐的面貌來看，她的額頭高、有一點凸，眉尾有一點稀疏，眼睛柔，鼻子低，嘴巴小，顴骨有一點反，聲音有力，下巴微削，膚色白，在觀相學中，屬於心性質兼筋骨質。

一般而論，額頭高的人聰明敏銳，擅於協調，王小姐的眼睛柔，喜歡推理，偏偏該把握時機時，就是抓不到重點，所以會疑心疑鬼（甚至懷疑自己），在公司與主管的互動，並不是很良好。在家庭，額頭代表與丈夫的對待，如果此部位氣色不佳，會與配偶意見不合，也比較難以溝通。

我對王小姐說：「妳的額頭氣色不佳，是不是與配偶最近有爭吵？」「對，就是我那不爭氣的丈夫！」王小姐生氣的說。

　　從這句話，我們就很明白，她看不起她的丈夫。於是，我告訴王小姐：「夫妻在一起是天註定的，不要再發牢騷！」但王小姐的眼神中，有一點怨恨感，對夫妻之事，也不是很重視，於是，我將話題提到事業。

　　說到事業，王小姐又開始抱怨，她說：「老師，我今天的重點就是要離開這家公司，您看，我如果現在離開好嗎？」

　　不待我回答，王小姐又開始細說，一切都是主管害的，她最不服氣的就是主管沒有能力，又喜歡往上打小報告，害她最近常被大老闆指責。

　　「他憑什麼？論資歷不如我，論才華也不如我，只會拍馬屁，在大老闆的面前很虛偽，所以，我不願意跟他共事，可是老師，您看這時刻離職好嗎？我會再找到更好的工作嗎？」

「恐怕目前比較難！」「為什麼，是我運勢不佳嗎？沒有關係我可以接受。」「妳現在的流年走到鼻子運，一般額頭高、鼻子低的人，認為自己有能力，但是都不承認自己處事有時無主張，加上眉尾稀疏，個性上比較以自己為主，眉代表情義，在家庭中，指的是跟配偶的對待，妳的顴骨有一點反，任何事情侵犯到妳的權利，妳就會不服氣（顴骨是代表一個人的掌權，顴反會有一點反抗的心態）。妳的聲音有力，處事有魄力，有話不講出來，妳會很痛苦，下巴微削，比較不會顧慮將來的事，也就是缺少考慮，加上膚色白，對自己要求完美，相對也要求別人完美。」

與配偶關係，也可能影響工作／事業

很多人以為婚姻是婚姻，工作是工作，但有時候，與配偶的關係，也會跟事業工作有關。

我告訴王小姐：「妳自己想想看，妳的內在，如果對配偶有不滿意，接下來，妳就會對主管或是老闆也不滿意。」

王小姐想一想後也說對，好像每次與丈夫鬧了不愉快，情緒就會不好，在公司就會發牢騷，對每件事情都會情

127

緒化。「那麼，我該怎麼辦？」王小姐追問。

「妳現在的氣色不佳，又走到鼻子運，從妳的面貌來說，妳的鼻子是一生中運勢最不好的時運，其實，妳在此公司的職位也不低，相對薪水也高，現在不得運，到哪裡都不好，所以，妳最好要將妳的個性稍微改變一下，不但對妳的事業有助力，在家庭與配偶的關係，也相對會有改變。」

聽了我的分析後，王小姐終於笑了，直說她會記得，會改變。我也祝福王小姐一切美好。

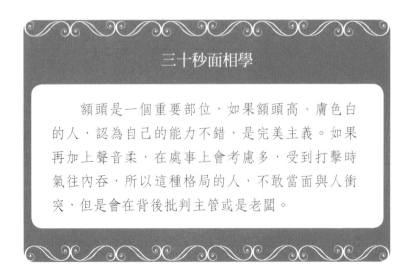

三十秒面相學

額頭是一個重要部位，如果額頭高、膚色白的人，認為自己的能力不錯，是完美主義。如果再加上聲音柔，在處事上會考慮多，受到打擊時氣往內吞，所以這種格局的人，不敢當面與人衝突，但是會在背後批判主管或是老闆。

『錢景』與『前景』

一個人的興趣是本身俱來的天份，加上後天的環境培養，是離不開他的本質。

有天小李很煩惱的來找我，在要繼續工作還是選擇深造兩方猶豫不決。

「你現在不是有份不錯的工作嗎？為什麼想要再深造？而且現在景氣不好，就算高學歷也不見得能找到像你現在這樣的工作啊！」我疑惑的詢問著。

「唸書一直是我的興趣，正好以前的教授現在是研究所的主任，他建議我再繼續我的學術路程……所以聽到這樣的建議，其實是有些心動，但是兩方都難以割捨；老師，你覺得我適合走學術路線嗎？」

林老師開課

小李是個眼睛亮的年輕人，眼睛亮的人他容易看準機會並掌握機會。小李也有著高額頭及飽滿的天倉，雖然思緒敏捷，但容易考慮過多，因為天倉飽滿的人防禦心比較重，對事情的取決會先衡量自己的利益。

額頭高的人思想很豐富，但小李因為聲音柔，兩相搭配之下就會變成思考細膩但思慮太多，容易形成猶豫不決的情況。

另一個重點在於小李有眉稜骨凸的特徵，眉稜骨是代表一個人的毅力及判斷力，而且有不畏困難的精神，一般在研發上有一定成就者大多眉稜骨都有凸，所以我建議小李他適合往學術方面發展。

走學術界或企業界？面相做參考！

「做事業還是走學術」是很多人都會來詢問的問題。

如果顏面骨多，眼睛亮又聲音有力的人，那你適合去闖天下，我們看那些在商場上有成就者，大多都是眼睛亮、聲音有力的人。

因為眼睛是一個人的判斷能力，也是對事物的反應機制，而聲音代表著膽量跟衝勁，要在職場上佔有一席之地者，此三個部位缺一不可。

如果是眉稜骨高、聲音柔、膚色白，是適宜往學術研究的路子，因為有眉稜骨的堅持，配上聲音柔，讓研究者有細膩的心思一直鑽研下去，再搭上膚色白對事情要求完美的個性，所以走學術路線是最適合不過了。

而且小李的顴骨不高，不適宜在管理位階。面相學裡將『顴骨』列為權力的象徵，顴高的人處事較強勢霸氣，具有威權，也喜歡掌控權力，但容易遭惹批判，所以顴高要配聲音柔的人，較會受到尊重。

顴骨比較凸出的人，個性單純，直來直往，做事情比較武斷，希望受到別人的認同；顴低的人，處事較猶豫不決，心軟；小李顴骨算有點低，所以會不好意思管別人，又聲音柔，不會與別人爭論，也就是小李無法狠下心來管理別人，他如果在一般公司行號，會吃力不討好。

我們看社會上那些呼風喚雨的人，幾乎都是聲音有力

者，因為聲音有力者，霸氣十足，善於運用人脈，活動力及企圖心都強，聲音即是鬥志，想要在外面發展的人，一定要有鬥志，所以聲音有力是必備的。

聲音柔和的人，心思較細膩敏感，是理想主義者，執行力強，但是優柔寡斷，一般在於推理及企劃方面占有重要地位。

一個人要如何為自己打造美好的將來，首先就從自己的面相去了解，看看自己有哪些特徵，適合哪種路線，再配上自己的性向，相信不論是在職場上或人生上，都充滿著亮麗的色彩。

學非所用怎麼辦？

陳小姐在求學時，所讀的系是財務金融，當初是因父母的期望，才選擇財務金融，畢業後進入金融公司上班一段時間，發現自己對金融根本不是很有興趣，每天上班，就覺得對工作倍感壓力與痛苦。

社會上約有百分之六十以上所走的行業都非本科，甚至有一半的人是走異路功名，也就是從事跟他所讀的科系毫

不相干的行業，論理來講確實浪費了資源，也白白的浪費了這些學費，但是也不是每個人都必須學以致用才能出頭天。

　　面相學的理論上分有三個形質，第一個質，顏面骨多的人，稱為筋骨質，其特性是無法沉靜下來，比較好動、急躁，個性上獨立，處事情乾脆不喜歡拖泥帶水，但在思考方面卻顯得不夠周全。

　　如果加上聲音有力，代表他的一生屬於動態，不適合處在辦公室裡，或從事學術發展。這種形質的人，在業務上發展反而有利；如果聲音柔的人，代表他本身內在雖有動態，只是不喜歡表現出來，那麼在人際公關方面就比較弱，因為聲音柔的人，喜歡文靜，這種格局的人適合在技術方面發展，因為顏面骨多的人，能刻苦耐勞的精神，加上聲音柔，處事細心，適合往開發、研發等方向發展。

　　第二個質，營養質，也就是說顏面肉多。此格局的人，個性方面喜歡安逸，不喜歡變遷，也就是不喜歡行動，但在理財方面比較有概念，也就是說喜動頭腦不動勞力的形質，如果是膚色白的人，依賴性重，如果聲音柔，適合在金

融業，或是固定的職務上，比較適合。如果你的顏面肉多有一點硬，聲音有力，稱他營養質兼筋骨質的人，這種格局屬於動態，此是屬於商人的格局，在選擇職業上，適合在財經方面發展，因為這種格局的人，將來的事業錢財是來自四方之財。

第三個質，心性質，也就是說膚色白、額頭高、下巴削，屬瓜子臉型，此格局的人頭腦特別靈活，反應快，依賴性較重，感覺氣質高雅，因為思想豐富，比較會天馬行空，所以往文學或是藝術方面發展最適合。

但如果配上眼睛亮、聲音有力，稱為心性兼筋骨質的人，個性就比較好動，不喜歡被約束，思想豐富，獨立性強，比較適合在業務方面發展，也適宜在企劃、創新方面，能展現其才華。

換適合自己的工作，最快活！

一個人的興趣是本身俱來的天份，加上後天的環境培養，是離不開他的本質；就像上述的陳小姐，以她的面相而論，是筋骨質兼心性質的人，也就是說他的顏面骨多，額頭高、眼睛亮、聲音有力，個性比較好動，如果她是從事業務

方面發展會是一流的人才。結果她的工作性質是屬於坐在辦公室的人，當然她會很痛苦，因為顏面骨多的人，比較好動，處事有衝勁，不怕吃苦，有耐勞的精神，所以從事人際公關等的業務工作是最適合。

在觀相的理論上，聲音代表一個人的內心聲音，顏面骨多代表耐性及衝勁；要陳小姐整天坐在辦公桌上班，或是單調的工作，對她來講真的會感覺很痛苦，有志難伸。

如果換另外一種工作，以開發或有挑戰性的事業，這種格局的人，就會展現自己的才華，他就會感覺很有成就感，再苦也不怕，交代的事情必如期完成，視工作的挑戰為樂趣。

氣色不好，
先別急著動！

在面相的理論上，一個人對現在的工作不滿意，或是無法信任自己時，額頭這一塊的氣色會非常明顯。

宋先生來找我占卜問卦，他下周將要去應徵一家外商公司，想了解是否有被錄用的希望。

才剛進來，我觀察到他的氣色不佳。從卜卦顯示，雖有人願意推薦，但其實此推薦人的能力有限，幫助不大，同時，也看到這次去的公司是一家大公司，錄取率不高。

為了要讓宋先生瞭解自己的運勢，我對他說，一個人在事業上有成就或是有阻礙，最明顯的就是自己額頭浮出的氣色。如果額頭氣色佳，表示你對願望充滿信心，如果額頭氣色帶有一點暗滯，代表你的希望會有一些阻礙。

我請宋先生到浴廁照照鏡子，看看自己的額頭氣色如何？一個人如果運勢不佳或是臉上的血氣不美的話，就會影響你的運勢。

「就像你今天來占卜的卦一樣，卜卦結果也不理想，這跟你的運勢有關，你還是可以去面試，但建議你先不要離開原有的公司，依你現在額頭的氣色，代表你的內心想著－不管有無結果，都一定要離開的心態。」「老師，你怎麼知道？」宋先生訝異的看著我。

林老師開課

其實，我除了參考卦象外，也看到他額頭的氣色帶一點紅黑之色，一定是跟上司鬧得不愉快，有一點意氣用事，也有不服輸的心態。我勸他，一個人氣勢不佳到哪裡都不會順，忍一忍等到有好的氣色，再考慮離開。

額頭這一塊代表一個人的思考能力，道德，思維，事物觀察，未來的希望，與上司的對待，長輩的提拔，升遷，遷移等的預兆。氣色有分很多，在臉上常出現的氣色，大部份是紅、黑、黃、無氣色。一個人最近與上司的意見不合，額頭就會顯示出不佳的氣色。

137

如果你今天在工作或業務與同事不合，在你的顴骨及眉毛的部位就會氣色不佳，處事上受到阻礙；如果你現在遇到一件事急著想要知道結果如何，你的額頭氣色會帶紅。故事中的宋先生，他的額頭就是其中的一種氣色不佳的現象。

每個人都有自己的能力，信心最重要

　　呂先生是一家公司的業務課長，常往台海兩地跑業務。當他進來時，我觀察他的面貌，在顴骨及鼻子的氣色不是很好，他說，想卜個卦，問問最近的運勢，及業務如何？

　　從呂先生的卦象來看，跟朋友之間似乎有糾紛，如果是問求財的話，那百分之百必是被劫財，問事業及業務則會有競爭者來爭搶。

　　我提醒呂先生：「你的錢財跟朋友有關係，要小心會有破財的現象。」「已經出問題了，老師」。

　　呂先生說，有一筆生意，是朋友介紹的，本來大家都談好了，現在出一些問題，就是佣金的抽成，有一些誤會，公司對此事情不滿意，讓我很頭痛，也不知要如何化解。

呂先生的面相顏面骨多，下巴飽滿，屬於筋骨兼營養質，眉目清秀，鼻子低，聲音有力，很適合從適業務的才能。

「老師，如果我坦白告訴老闆我是被朋友陷害，老闆會相信我嗎？」我說沒有問題，從你的相來論，額頭代表上司，氣色美，眼睛定神，代表你的老闆是個很明理的人，「老師你真厲害，從我的面貌就知道我老闆的個性」。

其實一個人都可用自己的能力化解一些事情，最怕不懂又疑心疑鬼，對自己缺少信心，盲目中就亂詢求一些神蹟，或是太迷信。

呂先生的額頭氣色還不錯，在顴骨跟鼻子的氣色呈現紅，代表他對此事有想快去協調，所以會帶紅色的氣色，如果有呈現黑氣，就代表此人已接受命運擺佈，回天乏術了。

三十秒面相學
信任與不信任，看三處

　　顴骨與鼻子有一些氣色帶紅暗，代表最近的事業及業務是跟朋友有關係，也就是受到朋友的牽連，才會出現此氣色。額頭的氣色如果還不是很暗，代表平常受到上司的信任。如果額頭氣色不佳，加上顴骨及鼻子氣色暗，就要特別留意跳到黃河也洗不清。

堅持自己，
也不一定要離開！

> 不喜歡說話的人，大部分是聲音柔和的人，因為他們不善於表達內心情緒。

一向不多話的范小姐，在公司總是盡心盡力的做事，她雖然知道有很多同事會巴結主管，拍主管的馬屁，但是范小姐不想與他們一般，只是希望做好自己的工作，沒想到卻被同事排擠，害她被調職，心裡越想越不甘，來問我該留還是走。

林老師開課

不喜歡說話的人，大部分是聲音柔和的人，因為他們不善於表達內心情緒。范小姐就是聲音柔嘴巴又小，個性保守，比較沒有鬥志，不敢表達出內心思想，是常會吃虧的格局；范小姐的額頭低、天倉削，顯示她是位務實的人，對事情很認份，可惜只懂得默默付出，而缺乏融通性，再加上她

的骨多、眉稜骨高，在專業領域上雖有才能，但是比較自傲，不輕易的肯定別人，難怪她不能認同同事的做風，與同事無法相處融洽。

一般說有骨氣的人，大多是顏面骨多，也是志氣的表現，范小姐不但顏面骨多，她還有個高挺的鼻子，這點導致她主觀強勢，做事太有原則，所以常常因為堅持自己的原則而得罪了別人。

再加上范小姐嘴巴小，處事保守，表達能力欠佳，也不善於跟同事嬉鬧，所以在同事的眼中她是位格格不入的人，會受到同事的排擠，令人不意外。范小姐如今被調職，心中的痛苦又難以言語，范小姐如果不是有筋骨質支撐的話，恐怕已經得憂鬱症了。

堅持，也要有彈性

范小姐如果還保持原有的個性，那可能到每個公司都會有類似的情況重演，我只能建議她最好將個性改一改。個性雖是與生俱來的，但也並非不能改變。范小姐最大的缺憾在於表達能力，生來嘴巴小聲音柔，口才不佳，那就多多運用書面來溝通，以書面來展現自己的才華，更要訓練自己說

話的膽量，而且不能太堅持己見，再加上盡職的工作態度，相信范小姐可以轉變同事與主管對她的態度。

像范小姐這樣的個性，在社會上真的很難跟人相處融洽，因為鼻子太高挺了，鼻子就是主觀意識，高挺者，雖具有良好的專業素質，但是太有原則性，永不低頭，相學就稱之為『孤』。

也就是說個性屬於孤僻，如果是膚色白的人，凡事就會有選擇性，也就是容易挑剔，如果鼻子高配上聲音有力，那此人就具有攻擊性，又擅於發號施令。

但是鼻子高的人，要她改變自己的做風與思想真的很難，因為她的自我意識會強過一切，但是想要在職場上相處融洽，圓融還是必需的，在此祝福范小姐吧！

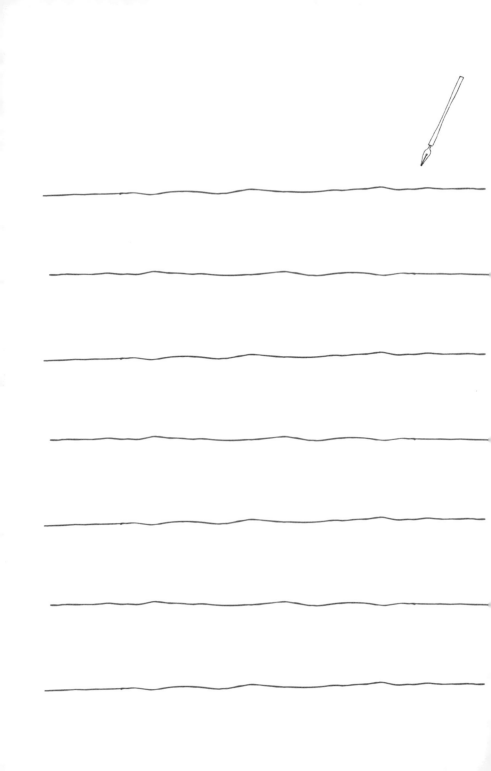

第六章

主管懂面相，
用人選才不再煩！

藉由面相的運用，了解員工的優缺點，對公司的發展
是絕對有加分的效果。

適合獨當一面的員工，快挖角！

額頭高、天倉削、眼睛細長有神、眉毛清秀、鼻子高、人中長、聲音柔中帶剛，這些特質的面相，是良好員工。

在蘇州的工業區，與李董查看著工廠的環境。李董是老客戶，每隔一段時間都會請我去勘查他的工廠，他說因大陸地區發展快速，環境一直在變化，就怕計劃跟不上變化。

沒錯，環境最怕有變化，尤其是經營公司，不只是一、二年，而是希望經營個十來年，甚至百來年的，但是只要四周環境有改變，整個磁場就起變化了，這也就是為什麼現代的陽宅學問不能再使用古代理論，也就是在這個地方。難怪，李董定期的會找我來瞧一瞧。

我與李董在二樓辦公室閒聊時，看到下面有三位人士在商討事情，其中一人引起了我的好奇心。

我問李董：「有位穿藍色衣服的那位年輕人他是什麼部門？」「喔，他是廠商派來的，不是我們公司的人。」「嗯，這個職員好，可以獨當一面」我說。

「你說的沒錯，他很能幹，講話有條理，很有禮貌，很誠懇」李董說。「我說李董，看能不能高薪挖角過來，你這公司需要這種人才。」我又接話。「老師啊，我不是沒想過，但他不為所動啊！」到底是怎樣的人，讓李董很惋惜無法招攬這位年輕人呢？

此人額頭高，代表他學習能力強、反應快，天倉削，對事情很積極，這兩個器官搭配起來，就顯示此年輕人做事積極主動、想法豐富、反應靈敏，遇到困難會力求突破。

再來看他的眼睛，細長有神，代表他遇事能抓緊機會，有責任心，再來論鼻子，鼻子高，他有主觀，有自己的

原則，不會人云亦云，給人公正不阿之感，眉毛清秀，對人有情有義。

另外一個部位就是人中，人中就在鼻子以下到嘴唇之間，此年輕人屬人中長，人中長的人，守信用，答應之事必會盡力去完成，而且很有守時的觀念，通長人中長的人也較守法。

最重要的部分，他的聲音相當的穩重，柔中帶剛氣：聲音柔的人比較冷靜，做業務者，聲音柔較吃香，因為聲音柔不會帶給人壓迫感，而這年輕人柔中帶點剛，顯示他處事不會急躁，有始有終，而且言談之中，他會尊重別人的發言，不會想要去搶鋒頭，這是從事業務者必備的一個條件。

說到此，各位讀者，你們把他的面相兜起來了嗎？額頭高、天倉削、眼睛細長有神、眉毛清秀、鼻子高、人中長、聲音柔中帶剛...。

了解員工面相，增加公司發展

或許有人會說：「老師，好複雜喔，需要搭配這麼多」。這才叫做面相啊，每個人的臉都是由這些器官組成

的，當然每個器官都有他的作用跟代表性。

想必，也有人會說「老師，你沒說到嘴巴耶？」對，如果嘴巴大，善於言詞，如果他搭配的是小嘴巴，那他所呈現的又是另外一種格局了。

所以，我常對公司的主管或負責人說，公司的發展都掌握在職員手上，在現今瞬息萬變的社會脈動中，發現人才，運用人才，才是企業永續發展不可或缺的基礎。

各人一相，千變萬化，每人都具有獨特的氣質與才華，藉由面相的運用，了解員工的優缺點，對公司的發展是絕對有加分的效果。

令主管又愛又恨的面相

　　一個有能力的人，會出現一股跟平常的人不同的氣質，尤其愈能幹，氣質愈傲氣。

　　洪小姐是個能力很強的人，交代的事情都可以令人滿意，深受主管的賞識，但也是主管很頭痛的人物，因為她做事太有原則，自己太有主觀，如果沒有依她的邏輯行事，她完全不理會。

　　雖然洪小姐確實很能幹，但脾氣時好時壞，讓上司有時氣得牙癢癢的，卻又礙於她的才華，讓上司又愛又恨，不曉得該如何是好？

林老師開課

　　一個有能力的人，會出現一股跟平常的人不同的氣質，尤其愈能幹，氣質愈傲氣。特別是女性。

女性的魅力，可分兩種解釋，美的魅力讓人動心，卻也會讓男人有慾望，胡思亂想。另外一種魅力則是能幹，既能幹，又讓人感覺有壓力，真是又愛又恨：故事中的洪小姐就是有這種氣質。

洪小姐的額頭低，天倉微削，眉稜骨高，眉毛往上如劍眉，眼睛亮有神，鼻子挺，顴骨高，嘴巴大聲音柔，下巴的頤頦飽滿，膚色白，耳朵反骨，顏面的肉比較硬。

一個人在職場上能獨當一面，必須要有骨，易經說人沒有骨不成器，也就是說有骨的人，比較有幹勁，洪小姐就是給人感覺顏面的骨及肉有一點硬，也就是說女生男相的格局，在相學稱為筋骨質兼營養質的人。

額頭低的人如果眼睛亮在處理事情比較直接，因為額頭低講究實務性，思想上較單純不會急轉彎，加上眼睛亮處事積極，所以講話直接容易得罪他人。

眉毛往上的人，個性積極英明勇猛，在相學說這種人適合在武警方面發展，如果是長在一位女性的面貌，我們就瞭解此人多麼能幹。

再看洪小姐天倉削，代表在處事方面主動出擊，也肯努力的付出，加上鼻子挺，本身具有領導的格局，但是不好相處，因為這類人士的主觀強勢，以自己的邏輯為主，稍有一點與他的思考不同時，會消極的反抗。

知性好相處，主管懂就好

一個人再怎麼強勢，必有優點與缺點，所以，我們要去瞭解此人的個性。俗語說知性好相處，洪小姐確實是一位能幹的職員。

如果你身為主管，剛好帶到像洪小姐這樣的職員時，我的建議如下：這樣的人，個性有一點霸氣，不見棺材不掉眼淚，也不認輸。其實，愈強勢的人，最怕尊嚴受到打擊，表面上很強勢，其實內在很空虛，這樣的人最重視情義，如果你給他的恩有三分，她就會回饋你七分。

所以，在工作上，主管有時要裝一下，也就是睜一隻眼閉一隻眼，在大眾的面前不要讓她沒有台階可下。如果遇有差錯，要在沒有人時與之對談，她就會接受你的意見。

易經說『以陰剋陽才能中庸』，萬事才順利。依我多

年累積的經驗，眉下垂的人與這類女性共事最適合，因為眉尾下垂的人，個性比較溫和，與人有衝突時，不會當面與對方對質或起衝突。

　　如再加上額頭高，眼睛柔，膚色白，表示不會很強勢主導。將這兩個人放在一起工作，也等於易經說的『陰陽中和論』，互相互補是最佳的共事 。

三十秒面相學

　　下巴飽滿代表人脈多，加上嘴巴大可以容納四方。一個人的顏面骨多，本身就給人感覺很能幹，也很強悍，如果加上聲音粗，那一定帶霸氣。

　　嘴巴大聲音柔的女性，表面上看似很強勢的女性，但是一開口，聲音自然會給人感覺有一股魅力的音波，在社會方面人脈極廣，在業務上能獨當一面，在職場上更是一位能幹的女性。

主動與被動，都有好處！

額頭高、天倉削、眼睛細長有神、眉毛清秀、鼻子高、人中長、聲音柔中帶剛，這些特質的面相，是良好員工。

不只是在職場中，任何一個地方一定都會碰到有做事很主動的及被動的人，我們該如何與之相處？要如何運用或改善這樣的個性呢？

林老師開課

『營養質』『心性質』『筋骨質』這是面相的三個基本形質，再由這三個基本形質衍生出形形色色的個性。說到主動者，應屬顏面骨多的筋骨質，說到被動，那就是營養質或心性質。

顏面有稜有角、筋骨凸出的人，在相學裡稱之為『筋骨質』，他代表的是生命的動能，也就是勞動的特質，主要

的特徵有膚色黑、骨感、眼亮、聲音有力等等。為什麼筋骨質會有『主動』的特性？因為筋骨質個性比較有衝勁，講求速度，行事果斷，常常會耐不住性子，他們往往等不及思考就開始行動，所以總是一馬當先。

這樣『主動』的個性，有好有壞，以公司的立場來講，他們是可以去做開創的先鋒，較適宜去跑外務，因為他們企圖心強又有冒險犯難的精神，但是筋骨質的人往往會因為衝過頭而陷入困境，所以最好能有心性質的特性來平衡。

心性質的特徵有膚色白、額頭高、聲音柔等。心性質與筋骨質相搭配，是最好的特質，就如易經所說的剛柔並濟，筋骨質為剛，心性質為柔。心性質在相學裡代表的是智能，也就是他著重在思考、推理，因為這一型的人，神經系統很敏銳，又會帶點神經質，所以一般被認為是需要受照顧的形質，相對的會有點被動。

心性質的人因為著重在思考，所以大多偏向文藝或學術路線，心性質的人在職場上屬軍師格局，也就是大多從事策劃、幕後智囊的角色，心性質的人具有優越感，自尊心強自卑感也重，善於保護自己，所以心性質是不會主動去做。

155

他們大多是一個口令一個動作；如果希望心性質的人能主動，可以針對那件事情上常常褒獎他們、誇讚他們，在好面子的心態下，他們就會動起來。

心性質的被動與營養質的被動又不太一樣，心性質的被動，是因為思考太多，又怕受傷害，保護自己的情況下而產生的被動。

被動，放對位置就ＯＫ！

現在說說『營養質』的被動。營養質顧名思義，就是長得胖胖的，感覺很營養的形態。在相學中，營養質的人代表著慾能，著重在享受，有句話形容「有得坐就不會站著，有得躺就不需坐著」，就是營養質的特性。

但是並非所有營養質的人就都被動，營養質的人要搭配聲音來論。搭配聲音有力的人，是屬於營養兼筋骨質，既然有筋骨質的成分在，想當然爾，他們也是衝勁十足，而且個性強勢不服輸。

這一特質的人，公關能力強，人脈廣，事業心重，掌有權力，但較霸氣專制，在事業上善於管理跟理財。營養質

搭配聲音柔的人，是屬於營養心性質，個性冷靜，心思縝密，喜歡安逸，平時不輕易表現，遇事時才會展現出自己的才能，比較屬於自我防衛心強的一種，這一格局的人，他們很會精打細算，腦筋清晰，具有理財觀，所以他們適合往財經方面發展。

　　營養質若配上聲音無力者，那這就是標準的被動格局了，因為聲音無力的人本來就依賴性重，無主張，無鬥志。再加上營養質愛享受的特性，很容易淪為好逸惡勞的人物，此格局的人在職場上，朝九晚五的領薪生活較適合他們，因為他們沒有突破事物的能力，凡事心有餘而力不足。

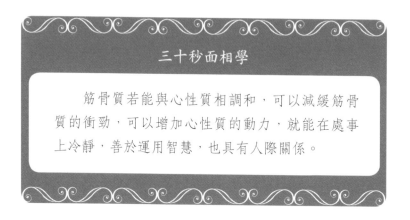

三十秒面相學

　　筋骨質若能與心性質相調和，可以減緩筋骨質的衝勁，可以增加心性質的動力，就能在處事上冷靜，善於運用智慧，也具有人際關係。

升遷面相學

> 一個要求完美的人，在別人的眼裡，經常會被說成有一點潔癖或是很龜毛。

蕭先生與朱先生同是一家電子公司的課長，兩個部門私底下常互相較勁。

此次，蕭先生憤憤不平的來找我，抱怨公司升遷不公平，明明是他的部門業績比較好，為何公司升遷的卻是朱先生？！

原來，蕭先生公司要西進拓展，想找一位派駐外地的經理，要能獨當一面的才幹，公司選上了朱先生。

林老師開課

「蕭先生，公司選擇他，自有公司的考量，如果換做是我，我也會派朱先生過去」我說。「為什麼？」蕭先生很

驚訝。以面相的角度來講，朱先生的天倉飽滿，也就是額頭寬廣，腦筋很靈活，這對能不能獨當一面來講是很重要的，因為他必須隨時應付突發、未定的問題。

再看朱先生下巴飽滿、眉毛清秀，交際手腕不錯，堪稱人緣佳，要派駐到外地，是極需要人脈的輔助，而蕭先生雖然額頭高，很聰明，就差在下巴削，缺乏人脈。

「另外，朱先生的嘴巴大、聲音粗，雖然行事霸氣點，但是有魄力、有衝勁，是個不認輸的個性，這對於往外地開發的人是必須具備的條件，光是那飽滿的下巴和嘴巴大，朱先生的協調能力就勝過你了，所以為什麼我說『如果我是老闆，我也會派朱先生去開發業務』的原因。」我一一道來。

蕭先生的膚色白、聲音柔，做事情會有選擇性，他的優點在於眼睛亮、眉稜骨凸出，對於時機的掌握和判斷的準確度極好，但是下巴削，個性急躁又缺了人脈的輔助。

再加上蕭先生膚色白會選擇，又鼻子高，主觀較強，看不順眼的人就不想理會，這在開發業務一途會很吃力的。

幸好蕭先生的聲音柔，不會有咄咄逼人之感，而朱先生的膚色黑，聲音粗，精力充沛，獨立性夠。再來，就是他的嘴巴大、下巴飽滿，敢開口與人對談，而且人脈多，也容易採納別人的意見。

最重要的一點就是朱先生的鼻子低，鼻子低的人比較有耐性，今日被回絕了，明日再接再厲，對他來說沒有『碰壁』這回事，如果是鼻子高的人，被拒絕就會覺得顏面無光，恐難再去第二次。

鼻子低的人就會很有耐力，一而再，再而三的嘗試，鼻子低再配上嘴巴大，此種格局很能跟人家閒話家常，攀親帶故，所以從事業務推廣是最佳的人選。

抱怨公司不如了解自己

另外一點，朱先生的額頭氣色潤澤有光，額頭主事業，也是長輩，氣色漂亮代表事業上的運勢佳，也代表受長輩提拔，反觀蕭先生額頭有雜氣，當然升遷之路就會坎坷。

以面相的形質來講，朱先生屬筋骨兼營養質，此一形質的人對財務很有概念，因為營養質的人時時刻刻都在盤算

著錢財，一有賺錢的機會是不會輕易放棄，配上筋骨質的個性，為了賺錢，他會拼了命去衝衝衝。

這樣形質的人，適合去開創，因為不怕吃苦，也不服輸，這是筋骨營養質的優點，但缺點在於容易衝過頭，反而誤了時機。蕭先生則屬於心性筋骨質，自我要求高，自尊心強，擅權謀，適合在企劃或專業技能方面較能一展長才。

與其一昧的抱怨公司用人不公，到不如先了解自己，知道自己的優點在哪裡加以開發，讓自己成為一顆閃亮之星，到時不論在何處，你將永遠都有屬於自己的光環。

員工有壓力，面相看出來？！

一個人不管面貌是筋骨質或是心性質、營養質，在相學理論上，運勢及做事衝勁是以臉上氣色為主。

一日，我到某銀行去辦事，接待是一位李小姐，她只是默默的在做一般的處理動作，我看她臉上的氣色清潤，心想，此人一定對她的職務相當的滿足，別無所求，引起我好奇。

又有一次到同樣的銀行辦事，這次是陳小姐。

陳小姐除了在辦理該有的手續之外，還會推銷其他的業務，從她的臉上的氣色，在事業宮也就是在額頭這一塊的氣色，有一點紅帶黃的氣色，如有此氣色的人，對事業心比較會積極，引起我注意。

我對她說：「妳現在的工作是不是有壓力？」「對。林先生，你怎麼知道？你會看相嗎？」這次，則是換陳小姐好奇了。

林老師開課

一個人不管面貌是筋骨質或是心性質、營養質，在相學理論上，運勢及衝勁是以臉上氣色為主，如果一個人有需求或是受到壓力時，他的臉上的氣色隨時都會有變化。

先談第一位李小姐面貌特徵：李小姐額頭高，眉目清秀，有一點柳葉眉，鼻子挺，眼睛柔，聲音柔膚色白，就是如古典美人，在相學稱為心性質的人，給人家的感覺是氣質高雅。額頭高、膚色白的人，處事比較保守，會保護自己。

額頭高的人思想豐富，有時會太理想化，自我要求高；聲音柔的人，在工作上會選擇比較輕鬆的工作，而膚色白的人加上聲音柔，依賴性比較重，如有一點壓力，就會感覺很吃力。

論理說比較無衝勁，加上鼻子高，自己有主見，內在的個性比較強勢，不會隨意就表達自己的想法。

李小姐的聲音柔下巴微削,在處事上,不是主動而是被動。

我們知道一個團隊,主動的人,聲音絕對有力;眼睛亮的人,也比較屬於主動,李小姐的眼睛柔在處事上抓不到重點,有時不知道輕重,從表面看李小姐整個面貌,他的氣質優雅,算是一位美人,美卻不代表有能力,如插在花瓶的一朵花,好看不好用。

奮鬥氣息,面相看得見!

再論陳小姐。陳小姐顏面骨多,額頭低天倉削,眉尾有一點往上,眼睛亮,鼻子低,嘴巴大,下巴飽滿聲音有力,在相學稱為筋骨質兼營養質的人,筋骨質兼營養質的人,在處事上比較積極,聲音粗的人在人際公關很強,也就是口才流利,比較會主動與人打招呼,將來在社會上,比較會有成就。

顏面骨多的人,第一點在處事上不怕吃苦,有耐勞的精神,筋骨質的人個性比較獨立性,對自己有自信,絕對不輕易低頭,他的特質是,能克服環境的變遷,在處事很熱情,處理事情很乾脆,講求速度。

陳小姐的額頭低、天倉削，這類人士在處理事情比較會主動。因為額頭低的人，在思想方面比較單純，上司所交代的事情，一定會徹底完成，加上眉毛有點往上的人，個性上積極，心性極為剛強，英武勇猛，適合往軍警武將發展。

如果是在社會上發展，處事就有魄力。陳小姐的鼻子低處事較有人情味，遇到事情有阻礙，或是與人鬧僵時，會急轉彎（因為鼻子低的人，不怕吃苦會想盡辦法協調）。

一個人不管你的面貌的美或是醜，最主要是臉上的氣色，一個人的氣色代表他現在的處境，如果臉上的氣色不佳，代表他現在面臨很多阻礙。

如果氣色白而潤，代表他現在的處境安逸。我們看小孩子的氣色，在未入小學時，天真又可愛的笑容，他們的臉上氣色潤白，為什麼？因為天就算掉下來，也有父母頂著。

如果你在職場上，有如潤白的氣色，代表你對現在的環境滿意，如故事中的第一位李姐小姐臉上的氣色潤白，顯示對現狀的滿意，第二位的陳小姐顏面骨多，氣色有一點紅黃，代表內在充滿未來的信心，也就是說對現在的職位還不

滿意，很積極的想在事業上創造自己未來的前程，而奮鬥的
精神，自然在他的臉上充滿一股勇氣。

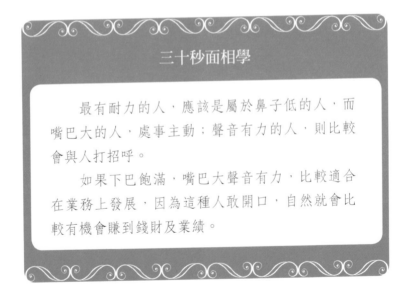

三十秒面相學

　　最有耐力的人，應該是屬於鼻子低的人，而
嘴巴大的人，處事主動；聲音有力的人，則比較
會與人打招呼。

　　如果下巴飽滿，嘴巴大聲音有力，比較適合
在業務上發展，因為這種人敢開口，自然就會比
較有機會賺到錢財及業績。

聲音像小孩的頭痛人物，如何面對！

懂得面相知其個性喜好，開闢出對應之道。

　　小陳帶了一位蘇先生來，我看著他臉上的氣色，問道：「你工作上遇到困境嗎？」因為蘇先生的額頭暗沉，額頭代表工作或上司的問題。「常常聽小陳提起林老師的察言觀色很有一套，本還半信半疑的，看來我真的要好好請教老師您了」。

　　這位蘇先生在公司是位主管，最近老闆給了他一道難題，讓他寢食難安，也在臉上呈現出煩惱的色彩。令他煩惱的，就在於公司的新人，A君。

　　自從A君進公司以來，不論在技術方面及產品的創新上都有很大的突破與改進，所以A君深得老闆的賞識。人紅是

非就多，A君在其他同事的眼中則是個頭痛人物，因為他喜歡插手別人的事，愛東管管西嚷嚷的，有時對自己該做的事情又置之不理，影響到別人的工作情緒，老闆給蘇先生的難題就是：既要管束這位頭痛人物，又要留住這位人才。

我看著蘇先生帶來的照片，問明了 A 君的聲音，聽到蘇先生說『A君的聲音像小孩』時，心中也產生了跟蘇先生一樣的壓力。

『聲音像小孩～』要管，還真是有點難度。

大家想想看，小孩子的個性就是很天真，卻也反反覆覆，聲音像小孩的人就如同小孩子的個性，沒有定性、好奇心重、愛湊熱鬧。

「老師，如果A君是這麼沒有定性，那他又為何可以在專業領域上這麼有才華？」小陳不解的問。

A君的面相是額頭高、眉稜骨高、耳朵反骨。耳朵是唯一一個自出生到老都不會變的器官，也就是說，耳朵是你天生下來具有的才藝指標。耳朵有反骨的人，代表他的才華洋

溢，再加上眉稜骨高，具有準確的判斷觀，再配上高額頭，腦筋靈活敏捷，所以他會有點傲氣，認為自己的想法比較好、自己的判斷才是對的。

加上如同小孩的聲音，如果不管管別人的話，那麼，今天得憂鬱症的會是A君了。再看看A君的顴骨也屬於反的，相學來講，顴骨反的人，個性、處事上也是會反反覆覆，所以你說，A君的個性，怎麼可能會靜靜的端坐在位子上呢？

所謂的顴骨反，就是顴部的骨頭比較向外凸出，代表此人容易改變原則，不喜歡被約束，處事上較霸氣，有時因對事情的一廂情願，而招致四周人的反感；但是也因為顴骨反及耳骨反，A君在專業上能突破困難，也就是說A君的才華碰到困境時，他的顴骨會引導他轉個方向求突破，這也是顴骨反的人較適合從事鑽研方面的工作，但是顴骨反的人權力慾望較重，而且較以自己為主。

再說說A君的眉有點稀疏，這樣的人自我本位主義較強，重於現實面，而在人緣方面較薄弱，所以他無法博得同事的共鳴。要鼓勵；也要嚴格，就對了。

有的人雖然愛管閒事，但卻人緣很好，這就是眉毛的差別，眉毛是情誼牽引的關鍵，眉清秀的人，人緣就好，眉稀疏的人，人緣就薄弱，但是眉稀疏的人頭腦聰明。

所以這位Ａ君不但眉毛稀疏而且還額頭高，代表他真的很聰明，反應又靈敏，再加上鼻子高，此人個性獨立、主觀強勢還帶有傲氣，在專業上可堪稱是位人才，可惜的就差在聲音。

「老師，你好像跟他相處過一樣，把他的個性描繪得淋漓盡致，但是這樣的一個人，你說他不喜歡被管束，又沒定性，那我該怎樣跟他溝通呢？」蘇先生煩惱的問。

「他的個性既然像小孩，你就用對小孩的方式對待，一個聰明又有才華還有些自傲的人，他重視的就是面子，你可以讚美他，又不能太寵，因為他會恃寵而驕，有時候必須給些壓力，告訴他事情的嚴重性，讓他產生恐懼感，再給他一點鼓勵，他會覺得有受到重視，較會專注在自己的範圍，也就是說你要恩威兼施。」我提出建議。「哇，老師，你給我出了個難題啊！」蘇先生說。「出難題的不是我，可是你的老闆啊！」

被溺愛慣的員工，怎麼救？

在面相學上，下巴代表兒女、部屬的處事及毅力，下巴短顯示下一代及部署的個性會不穩定。

劉先生與我相交甚久，每次遇到問題或是難抉擇之事，都會來找我聊聊。今天，我看他的氣色不佳，心裡也大約有個譜，一定是他那位寶貝少爺又有事情了。

「今天又是兒子的問題？」我問。「是啊，唉…我這一生就注定要為這個兒子操心，我前世不知虧欠了他什麼，這輩子一天到晚都在為他擔心。」他長長嘆了口氣說。「夫妻、子女，現世的親友本來就是因果循環」我笑笑答著。

劉先生的寶貝兒子小劉，從小受到悉心的栽培，一路到出國給他最好的資源，肚子裡裝了西方的思維，也帶了些傲氣。出社會後，只要在職場上有受到一點打擊，就回到家

裡跟老爸發牢騷。小劉才三十出頭的年紀，工作卻是三天兩頭的換，一年換三、四個是稀鬆平常，不是嫌待遇不好，就是跟同事不合，或是與長官理念不同，怪的就是我這位老兄竟然支持他兒子。

「說真的，你兒子今天會如此的不定性，你這做老爸的，也難辭其咎。」我跟劉先生說。

林老師開課

一個被溺愛的人，其實有面相特徵可參考：額頭高寬，天倉飽滿，眉稜骨高，眉尾稀疏。額頭代表事業也代表對未來的希望，在相學來講，也是與上司的對待之處。

額頭高又寬的人，代表他所追求的過於理想化，有時會呈現無法無天的地步，這種格局在公司容易頂撞上司，也不會去反省自己是否有過錯。

再眉稜骨高者，雖然有判斷能力強的優點，但是只要他對此事不滿意，絕對會批判，因為眉稜骨高的人，他自認為自己的理念是正確的，不會聽取別人的意見，也就是很固執己見。

　　而眉尾稀疏的人，雖然聰明但是重利益，這種格局如果配上額頭過高，會認為他擁有一流的才華，容易異想天開，作風誇大，加上鼻子高主觀強勢，不容許別人批評。

　　鼻子高的人稍微受到打擊時，就會馬上反駁，另一個是嘴巴大，敢講、有衝勁、有魄力，但是配上下巴短，則在處事上容易虎頭蛇尾，沒後勁，如果聲音有一點柔的人，就呈現頭腦光會思考，缺乏實質的行動力。

從面相強點下手，就有救！

　　我對劉先生說：「你小孩的狀況，你要負起一半的責任，提醒你很多次了，不要再寵壞他，你自己想一想，他的工作大部份是用你的關係介紹的，結果你為了這小孩，無形中得罪了多少朋友啊！」

　　劉先生是個額頭低，眉目清秀，下巴飽滿的相貌，額頭低的人處事務實，思想上不會轉彎，也就是一件事情他都想得很單純，再加上下巴飽滿，容易寵壞小孩。劉家的少爺，是有才能的，只是被寵壞了，有些驕縱；他的額頭高又有一點凸，顯示他的腦筋不錯，反應快，加上眉稜骨高，有判斷的能力。

眉尾稍微稀疏，雖然重利益，但對錢財管理方面其實很有概念，配上眼睛亮，能抓緊機會，雖然聲音柔膽子有些小又有點依賴性，但是只要訓練他的魄力，削減他的依靠，相信未來他在事業上會有屬於自己的一片天。

古話說「兒孫自有兒孫福」，做父母的再怎麼培養，再怎麼為兒女鋪路，人生還是屬於他自己的，該讓他自己去闖出他自己的未來，這樣他才能成長，他的未來才有成就的一天。

三十秒面相學
從下巴，看出親子關係

在面相學上，下巴代表兒女的處事及毅力，下巴短顯示下一代的個性會不穩定。

下巴短的人如配上天倉飽滿，個性屬於安逸，對家庭有責任感，但如果聲音柔，就會管不住小孩。下巴短加上鼻子低，因為較無主張，所以很容易相信小孩的話，加上嘴巴大聲音柔，則是百分之百會相信自己小孩講的事情。

專業強VS協調好

眉稜骨高的人，雖深具專業能力，但在人緣上不夠圓融，眉稜骨越高的人，越難捉模。

提到高科技，大家通常想到的是歐美人士。的確，歐美在科技領域上也確實遙遙領先諸多國家。

我們看西方人士大都是額頭高、鼻子高，尤其是眉稜骨也高。以面相學論，額頭高者思想豐富，腦筋靈活，鼻子高者，主觀強勢，自我意識高，眉稜骨高者，第六感特別敏銳判斷直接。

以上三者兼具的人，個性上不喜歡拐彎抹角，對事情專注，所以多往專業技能發展，尤其膚白之人，自我要求高，在研發的專業上，要求完美。

林老師開課

受邀至新竹科學園區勘查某家科技公司，此公司很幸

運的得到兩股好磁場，一是東北氣，一是西方氣。這兩種氣場，在現代風水來說是屬於旺氣。

以事業來論，此公司所研發的產品具有相當程度的水準，不斷的有新的企劃發展，所聘請的員工，個個學有專精，在工作上有一股鬥志。

特別是少年的職員體力充沛，腦筋靈活研究的產品細膩，這就是公司得到好的磁場，我常在講有好的磁場，就會有好的職員。

我隨著董事長繞了公司一圈，回到董事長辦公室後說：「你公司得到這麼好的磁場，也表示你可以聘請到很好的職員，在研發上他們都很專業，而且也很盡忠職守，但是也有不好之處，就是他們的自我意識很強，不容易接受別人的建言，尤其是你辦公室前那幾位職員，才是讓你比較頭痛對吧！」

「老師，你真好眼力，我話還沒說出口，就讓你看穿了，那幾位職員的確是風雨的來源，可是公司又少不了這些專業人才，請問老師，可有辦法管理這些人才嗎？」

那幾位職員膚色白、額頭高，本身就較有優越感，鼻子高，自我意識高張，再加上眉稜骨高，雖深具專業能力，但在於人緣上，不夠婉轉，眉稜骨越高的人，越難捉模。

眉稜骨高的人，通常認為自己的想法是正確，自認有才華，有一股傲氣，個性高傲。聲音有力的人，講話直接往往得理不饒人，聲音柔的人，雖不會當面與人衝突，卻可能會用暗的，在人事方面有時難溝通。

讓協調好的人與專業人士共事

我建議：「你要找有協調能力強的幹部，來從事協調工作。」「怎樣的人才是協調能力強呢」？「此種人的格局要：

1、嘴巴大，因為善於口才，盡量安排兼公關方面發展。

2、額頭要高，聲音穩重，因為頭腦靈活，處事敏捷，對於各種問題有應變的能力。

3、下巴飽滿，處事很圓融、在外人緣佳與人互動良好

可兼業務上發展，善於公關手腕。

4、眼睛定神，聲音柔，懂得應對進退，這種人的協調能力強，由他來帶領這些菁英份子是最適合的。」

在面相學理，將人分成三大格局，一是心性質，一是筋骨質，另一類是營養質。

佔專業領域居多的是心性及筋骨質的人，因為顏面骨多的人，個性比較直，判斷直接，行動力足又快，加上心性質的人，自我要求高處事要求完美比較細心，所以筋骨質兼心性質專業的比例比較多。

而營養質兼筋骨質的人，則大多擅長公關、協調方面。一般專業人士主觀強、剛直，需要個性圓融、穩重的人來調配，這也就是易經所講的一陰一陽的對待法則。

三十秒面相學
眉稜骨越高的人，越難捉模。

　　膚色白＋額頭高＝本身就比較有優越感

　　再加鼻子高＝自我意識高張。

　　再加眉稜骨高＝雖深具專業能力，但在人緣上不夠圓融，眉稜骨越高的人，越難捉模。

溝通學問大

有句話「見人說人話，見鬼說鬼話」，這雖是一句諷刺的話，但卻是一個溝通的好方法，當然前提是，你要認知對方的性格。

張小姐是位善於言辭，做事很圓融的人，因為她協調能力不錯，在公司裡也與同事都相處愉快，公司特別將她安置於人事部門，從事協調事務，但最近她也碰上了棘手人物，來找我協商。

張小姐的額頭高、鼻子低，能屈能伸，嘴巴大能言善道，下巴又飽滿，顯示人脈頗多，連這樣八面玲瓏的人也沒轍，讓我好奇心大起：到底是怎樣的人物呢？張小姐拿出一片公司園遊會的DVD播放，一邊向我介紹小賴這位『棘手人物』。

現在靠著先進的科技，不但能看到清晰的照片，甚至聲音都可傳達了，真是方便；片中人物一頭短髮，白淨的臉

蛋，帶著幾分固執與堅持。據張小姐的描繪，小賴平時就靜靜的做自己的事，不多話，也不太主動與人溝通，讓人感覺防衛心很重，無法親近。

但是有很多技術面的問題，到了他手裡，都可迎刃而解，老闆很重視這位人才，但是這位先生平時對人太冷淡了，與同事間不太融洽，所以老闆希望張小姐能關照一下。

林老師開課

小賴是屬心性兼筋骨的形質，在邏輯、推理方面很有才能，膚色白有潔癖，鼻子挺主觀強勢，對事物、交友會有選擇性。

看這位先生耳朵不是很漂亮，看來幼時家境並不好，吃過苦。「據說他求學階段，都是半工半讀才完成學業的」張小姐說。

耳朵可看一個人的出生環境，通常家境不好的人，耳朵比較單薄，這樣的人比較能刻苦耐勞，因為自小就要靠自己努力，所以會特別的珍惜自己所得的一切，再看他額頭高又寬廣，頭腦靈活，會特別的保護自己，所以在對應上就會有拒人於千里之外的感覺，甚至容易疑心疑鬼。

而他眉稜骨高，很有判斷力，也有毅力，配上額頭高，他會想盡辦法將困難克服，一般在專業領域或學有專精者，眉稜骨都高。

　　再看他的眼睛細小、神韻清亮，處事很細心，配上聲音柔，處事前總會細細打量，仔細斟酌再下定論，他做事情總是默默的完成，因為聲音柔，不喜歡張顯自己，也不善於爭奪，所以會給人一種冷漠高傲的感覺。

了解性格再說話，就對了

　　小賴這種額頭高、眼睛小細長、聲音柔、膚色白的格局，他的優點在於處事很細膩，而且會克服一切困難。

　　缺點在於個性內向，不喜歡與人交談，以及對人對事會有選擇性，這樣的人不適合往業務及公關方向走，較適合往企劃或專業技能方面發展。至於要如何與他對應最好呢？

　　鼻子挺、聲音柔的人，個性內向比較固執，處事有原則，要引他對談，最好先以專業切入，而且像小賴這樣的格局，就算他不喜歡你的言論，他也不會當面表達，所以要隨時的問他的想法，讓他感覺你有尊重他的才能。

聲音柔、膚色白的人，內心很害怕受傷害，所以往往他會以被動呈現，如果你能讓他主動，由他來主導的話，他就會對你敞開心胸。

有句話「見人說人話，見鬼說鬼話」，這雖是一句諷刺的話，但卻是一個溝通的好方法，當然前提是，你要認知對方的性格。

後記

　　本人在五術界已歷經三十多年的歲月，隨著時空的轉變、科技的發展、網路資訊的瀰漫等，流傳五千多年的五術，也必須隨著時代來改變。

　　面對這個瞬息萬變的社會，贏得先機是最為重要，以五術來講『面相』是一個最佳利器，因為它完全不受生辰、姓名的牽制，學會面相，等於已開啟了你的溝通橋樑。

　　不管社會如何的變遷，容貌是與生俱來的，只受族群及遺傳的影響，也可解釋為因果關係；我常說：「容貌就是你的櫥窗，隨時展示著你今生的個性、交友、運勢、健康甚至家人關係等」。

　　學習面相的重要在於了解自己，進而輔助別人，在人生遭逢困惑時，有多一樣分析工具，可以減少不理性或錯誤的判斷，降低對別人及自己的傷害，尤其在人際關係上面更是一個溝通的依據。

本人近幾年來極力的推廣面相學，尤其企業主管及想從事業務工作的人，更應該要了解『面相』，就企業而言，〝面相〞可讓你發覺人才，運用人才甚至管理人才，這是企業想永續發展不可或缺的基礎；而業務人員，運用〝面相〞達到知己知彼，雖不一定能百戰百勝，但是至少能了解你的對手、你的客戶的喜好，給自己多一樣溝通的工具。

雖然坊間面相論法很多，但面相還是無法受到廣泛運用，想來是人各一相，無法像斗數一樣有生辰、有八字的既定論命模式，人相是千變萬化的，沒有一模一樣的臉孔，再加上人臉有五官，每一器官都有它的代表意義，但也是因為如此，才能顯出面相的好玩與奧妙。

希望藉由這本《三分鐘職場讀心術》，提供給大家一個淺顯易學的方式，進而對周遭的人士，有多一層的理解，縮減人與人之間的摩擦，也祈望本人對於面相的體悟，能讓愛好者受用無窮。

文 中國堪輿推展協會
創會會長 林進來

全國唯一保證出書的作者班

夢想成眞！

采舍國際集團董事長
王擎天博士

- 華人世界非文學類暢銷書最多的本土作家作品逾百冊。

- 建中畢業考上台大時就開出版社，台灣最年輕從事出版的企業家。

- 華人少數橫跨兩岸三地最具出版實務經驗的出版奇才。

你是否**曾經想過出一本書**？
你知道**書是你最好的名片**嗎？
你知道**出書是最好的行銷**嗎？

　由采舍國際集團董事長王擎天領軍，帶領一群擁有出版專業的講師群，要讓你寫好書、出好書、賣好書！

講師陣容
*采舍國際集團董事長

*啟思出版社社長和主編

*華文自資平台負責人和主編

*鴻漸和鶴立等專業出版社資深編輯

*新絲路網路書店電子書發展中心主任

*采舍國際集團行銷長

I Have a Dream...

或許你離成功，就只差出一本書的距離！

課程名稱：寫書與出版實務班

課程地點：台北（報名完成後，將由專人或專函通知）

課程大綱：

*如何規劃、寫出自己的第一本書

*如何設定具市場性的寫作題材

*如何提案，讓出版社願意和你簽約

*如何選擇適合的出版社

*如何出版電子書

*如何鎖定你的讀者粉絲群

*如何成為真正的作家

本課程三大特色
1. 保證出書
2. 堅強授課陣容
3. 堅強輔導團隊

報名請上網址：www.silkbook.com

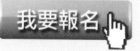 我要報名

熱情贊助

老闆在乎的35種工作態度
定價NT250元

工作的態度，決定成功的速度

*讓自己樂在工作

　　忙碌的上班生活當中，總是充滿了大大小小的問題，唯有「用樂觀的心情面對生活，用積極的態度解決問題。」當大家都不想去做的艱難任務，自己想辦法去執行，就算失敗了，老闆也認為你盡力了，長期下來就能從團隊中勝出，進而加速自己成功的速度。

*讓讀者輕鬆了解職場上的生活之道

　　本書運用通俗化的語言、豐富的圖表，力圖讓讀者輕鬆了解新鮮人所該努力的方向，作者並用多年經驗分享在職場上的生存之道。

*最實用的商業技巧

　　此書要教會讀者的是一種很有效、很實用的商業技巧，能幫讀者找到工作、保住工作、快速升職，讓你的職場關係更和諧，順利闖出一片天，比別人更快速成功。

Enrich

20幾歲，要累積的人脈學分

定價NT250元

人脈就是錢脈，錢脈決定自由

*如果妳屬於下列這幾個族群：

★新鮮人：想要找個好工作！★小主管：想要早點升官發財！★窮忙族：想早點獲得財務自由！看過這本書，你將會找到屬於自己的人生新方向！

*暢銷作家典馥眉最新作品

繼《學校沒有教的戀愛心理學》後，這一次，典馥眉要與你分享如何從複雜的人際關係中，累積出有用的人脈，經由她的細細剖析與案例分享，我們才終於其實只要真心與人相處，並且持續修養自己，自然擁有好人緣，進而累積出豐富的人脈。

*發自內心，就有人脈

卡內基訓練大中華區負責人黑幼龍說：「禮貌並不等於禮儀，也不只是外在的規矩，而是發自內心的人際關係技巧，能提升你的專業形象，和增加受人重視、重用的機會。」

Encourage

喝出人體自癒力，
體驗不老的逆齡奇蹟

定價
250元

定價
300元

《超神奇！
喚醒自癒力的牛初乳》

《逆齡肌！
50道不老奇蹟漢方》

孫崇發 博士 編著

臺灣樂氏同仁堂有限公司 樂覺心 編著

牛初乳是什麼？
它是乳牛生產後72小時內所分泌的乳汁。
它富含許多調節免疫系統的營養因子，
其營養價值極高。

橫跨兩岸三地、
超過千萬人DIY實證減齡、抗衰
外敷浴、內服飲，照著做
青春不老、身材姣好！

鼻子過敏、紅斑性狼瘡、慢性疾病，有救了。
化病痛為免疫的牛初乳，
讓你喝出百毒不侵的身體！

輕鬆甩掉大嬸味，
還你無齡亮顏感、
美魔S曲線！

打造新健康饗宴！
養生絕學，生活新法，盡在活泉！

榮登各大書店與網路書店暢銷排行榜！！
上萬網友一致推薦的收藏好書！

樂活養生趣

《五行娃娃教你打造健康養生方》
作者：張建曜
定價：350元

《小心！頸椎病就在你身邊》
作者：孫苓獻、賴鎮源
定價：280元

《喝出瘦S！萬人按讚的手作蔬果汁激搜瘦顏法》
作者：楊新玲
定價：250元

《舌尖上的良藥：分解蔬果根莖葉對症速查全書》
作者：賴鎮源、楊新玲
定價：280元

《5分鐘凍齡！DIY美肌消脂簡易速效按摩》
作者：賴鎮源
定價：260元

教養我最行

《說故事的神奇教養力》
作者：王擎天
定價：280元

《教養棒小孩請跟我這樣做》
作者：單中興
定價：280元

《當孩子最好的營養師！0～3歲寶寶營養副食品指南》
作者：劉沁瑜
定價：280元

生活智慧王

《一按上菜！80道零失敗懶人電鍋料理》
作者：簡秋萍
定價：260元

《懶人也能成為家事王：省時省力的超效清潔術》
作者：活泉書坊編輯團隊
定價：190元

《居家擺設左右你性格！圖解空間心理學》
作者：張建曜
定價：280元

《麻將完全攻略》（彩色加值版）
作者：張善敏
定價：280元

活泉書坊

財經雲 08

3分鐘職場讀心術

出 版 者 / 雲國際出版社

作　　者 / 林進來

總 編 輯 / 張朝雄

封面設計 / 陳冠傑

出版經紀 / 廖翊君

排版美編 / YangChwen

內文校對 / 李韻如

出版年度 / 2013年7月

郵撥帳號 / 50017206 采舍國際有限公司
　　　　（郵撥購買，請另付一成郵資）
台灣出版中心
地址 / 新北市中和區中山路2段366巷10號10樓
北京出版中心
地址 / 北京市大興區棗園北首邑上城40號樓2單
　　　元709室
電話 / （02）2248-7896
傳真 / （02）2248-7758

全球華文市場總代理 / 采舍國際
地址 / 新北市中和區中山路2段366巷10號3樓
電話 / （02）8245-8786
傳真 / （02）8245-8718

全系列書系特約展示 / 新絲路網路書店
地址 / 新北市中和區中山路2段366巷10號10樓
電話 / （02）8245-9896
網址 / www.silkbook.com

3分鐘職場讀心術 / 林進來著. -- 初版. --

新北市：雲國際, 2013.06

面；　公分

ISBN 978-986-271-369-3（平裝）

1. 面相

293.21　　　　　　102009413